文學叢刊

汪洋萍著

我的相對論

文史哲出版社印行

國家圖書館出版品預行編目資料

我的相對論 / 汪洋萍著.-- 初版.-- 臺北市：文史哲, 民 94

面： 公分.--（文學叢刊；178）

ISBN 957-549-639-6（平裝）

848.6 940022933

文 學 叢 刊 (178)

我的相對論

著 者：汪 洋 萍

出 版 者：文 史 哲 出 版 社

http://www.lapen.com.tw

登記證字號：行政院新聞局版臺業字五三三七號

發 行 人：彭 正 雄

發 行 所：文 史 哲 出 版 社

印 刷 者：文 史 哲 出 版 社

臺北市羅斯福路一段七十二巷四號

郵政劃撥帳號：一六一八〇一七五

電話 886-2-23511028 ·傳真 886-2-23965656

實價新臺幣四二〇元

中華民國九十四年（2005）十一月初版

ISBN 957-549-639-6

自序

愛因斯坦以
文學家
哲學家
科學家的超人智慧
洞察宇宙萬象
均因相對互動而生
於是發表相對論
啓發學術界探討
改善人文及自然生態
提升人類生活品質
開創美好的人間樂園

愛氏發表相對論
至今已達百年
人類生存的痛苦指數
仍在快速上升
顯示相對論被人誤解
相對不是敵對
相對是互助相得益彰

宇宙萬象
由互動而生
因互動而變
個人的得失成敗
國家的盛衰與亡
人間的福禍安危
都在互動中形成
良性互動的良性循環

能使人類和平安樂
惡性互動的惡性循環
最終結局是同歸於盡

我的相對論　目次

卷二 心靈互動

古體新詩二十首

傳統詩

卷一：心靈告白

心影集自序

人之所以為萬物之靈，是因為有一個充滿智慧的頭腦，發明了語言文字，作為溝通觀念與情感的媒介，作成傳承知識與經驗的紀錄，促進社會文明，增進共同福祉；因此，也衍生出「文學」。「文學」一詞，如果作廣義的解釋：凡以文字記載知識與經驗，或表達思想與情感的都可稱為「文學」。論語學而篇，孔子說：「弟子入則孝，出則弟，謹而信，汎愛眾，而親仁。行有餘力，則以學文。」孔子所說的文，是指詩書六藝之文。文學隨著時代的演變，分工愈來愈細，文學的路也愈來愈窄。自漢唐以來，漢賦、唐詩、宋詞、元曲，盛極一時，明、清兩代盛行八股文。現代一般所謂「文學」，是指詩、散文和小說；歌謠、樂章似乎已歸類於「藝術」了。

就詩而言，我國最早的詩，是里巷歌謠及朝廟樂章，經孔子刪選為三百十五篇，分國風、小雅、大雅、頌四體，輯成「詩經」。詩在我國文學中，佔了重要的地位，尤其是唐代，流行最為普及。現代詩人常懷念「詩的盛唐」，因此稱我們是「詩的國度」。

我們的詩，就形式與格律分，有四言、五言、七言絕句、律詩、古詩與樂府。自民國以來，新文學運動風起雲湧，傳統詩日趨沒落，白話詩應運而生。所謂「白話詩」經幾十年的流變，有新詩、現代詩、後現代詩、前衛詩等名稱，其中又有什麼「主義」，什麼「派」許多小框框，使學詩的人覺得比傳統詩更難學，使讀詩的人感到比傳統詩更難懂。我曾聽人說過兩句帶有諷刺意味的話：「詩的作者比讀者多」（大家都想作詩人）：「詩人寫詩是給自己看的（別人也看不懂）。愛逛書店、書攤的人，只要稍為留意就會發現，很少有詩刊、詩集陳列，縱有陳列，據說銷路也不好。由此看來，我們的詩，似乎已脫離了群眾，失去了讀者，鑽進了象牙塔裡，我們「詩的國度」名號，已名存實亡。

我們的詩已淪落到這種地步，我們的詩人應有所省思。什麼是詩？詩有何用？恐怕沒有標準答案，而言人人殊，各是其是，各非其非，標新立異，無所不用其極。有些權威詩人評斷，詩有真偽。辨真偽一定要有依據。像偽藥，是未經主管官署核准登記，或成份不合規定。像偽鈔，不是政府依法發行，而是不肖之徒私自仿製。鑑定詩的真偽，依據在那裡？標準又在那裡？照理說，詩只有好壞之分，應無真偽之別。

孔子曾告訴他的兒子說：「不學詩，無以言。」意思是說，不研讀詩經，說出話來，不會很得體，不會很動聽。論語陽貨篇記載，孔子勉勵弟子們讀詩經：「小子！何莫學乎詩？詩，可以興，可以觀，可以群，可以怨；邇之事父，遠之事君；多識鳥、獸、草、木之名。」大意是說：讀詩經，可以激發心志，觀察時政得失，與社會大眾溝通觀念，發抒自己的情懷；還可以學到許多做人做事的道理；了解自然界的生物群像。由此可知，詩有許多教育功能。詩可學以致用，能提昇人文素養及生活意境；不是專為消遣把玩以打發時光，虛耗生命歲月。

詩的形式和詩的語言，都會隨著時代而演變，這是誰也擋不住的潮流。詩人的責任，是順著潮流因勢利導，創作多曾次的詩，供不同層次的社會大眾閱讀；但詩的價值不能變，也不該變——詩是人類的精神食糧。詩被譽為精緻的文學，以最少的文字語言，表達最多的含義，而且有言外之意，弦外之音，發人深省給人鼓舞。

詩發乎情，而且是一片真情，不是縱情或濫情，不是美麗的謊言，不是乞憐的呻吟與哀怨，也不是逗人的文字遊戲。人格與詩格相結合，才是真正的好詩。像韓愈的「自詠」：

一封朝奏九重天，夕貶朝陽路八千；
本爲聖朝除弊政，敢將衰朽惜殘年。
雲橫秦嶺家何在，雪擁藍關馬不前；
知汝遠來應有意，好收吾骨瘴江邊。

言志、敘事、抒情，凝煉於五十六字中。再印證他貶任潮州刺史後，為民除弊與利的輝煌政績，這首詩不僅百讀不厭，而且愈讀得深入，愈使人感動。

我認識的古丁先生，他的詩充滿著愛國熱情，茲錄其「給祖國詩」的前兩段：

納我入你征戰的行列
磨礪我的意志
讓我赴屍於敵人城堡的缺口
鋪成你勝利的路
繼往古英雄豪傑的如虹氣慨

立我於慷赴義的碑林
我的路看得見
你遙遠思想世界盡頭的美景
懷著愛慕之忱前去
一步一個苦難的腳印

他一手持槍，一手握筆，執著於其分內的工作。他的同學們升了中、上校，他還是一位士官長。他退伍後，積極從事文藝工作，以護衛中華文化的尖兵自任，不見容於惡勢力，他不理睬連續的恐嚇與威脅，在一次不像車禍的車禍喪生。證明他的詩是他的真心話，他也實踐了諾言。

詩是時代的鏡子，時代是詩的素材。四、五十年代，我們要求生存，為求溫飽，那個時代的文藝作品，都溢發出一股樸實、堅毅與沉勇的朝氣；現在生活富裕了，憂患意識隨之消失，我們的文風與詩風，傾向於享樂而日趨頹廢。現在，我們的社會，出現許多光怪陸離的現象，人們就以「多元化」來解釋。所謂「多元化」是在國家社會共同的目標——追求生存、發展與幸福，經殊途同歸而言。不是絕滅人性，背離法律與社會規範的胡作非為，胡言亂語。文人和詩人都有銳敏的觀察力，應對我們的社會現象，作客觀的分析，以開闊的胸心，負起「多元化」嚮導的責任，引導社會大眾從殊途同歸於共存共榮的目標，凝聚在共同幸福的周圍；豈能為一己之私，趁一時之快，而相互傷害兩敗俱傷。

吳敬恒先生在「科學與人生」這篇講詞裡（民國十五年八月），以科學的角度，幽默的說：「文學家是瘋子，專門胡說八道。」其實，文學家並非都胡說八道；不過，真正胡說八道的亦不乏其人（不然，我們的國家，也不會像今天這個樣子）。我不是文學家，也不是詩人，只是一個凡夫俗子，不敢胡說八道，而是誠誠懇懇地把心裡話說出來，尋求共識，以盡言責。

我很幸運，生長這個多采多姿，又多災多難的時空交會點！能從苦難中走過來。我常懷感恩心，鞭策自己，要竭盡所能，為生我養我，為我鋪路搭橋的恩人，有所回饋；但未如所願，深感慚愧。

於今，我生命的行囊漸空，只留下些許心跳脈動的紀錄，證明我曾經努力過。為自求寬恕，只好將在報刊發表過的作品，輯成這本小冊子，來抵賞生命的負債；另一方面回應許多贈書給我和關愛過我的朋友。老之將至其言也誠，奉勸我們的社會大眾，要知福、惜福（尤其是青少年朋友們，你們是國家社會未來的希望）善盡自己分內的責任。把想說的話說出來，我心裡舒坦多了。

中華民國八十年十月於台北市宿舍

心聲集自序

我的第一本詩集「心影集」，於民國八十年十二月出版，獲得詩壇前輩、長官、詩友和讀者的鼓勵，使我有勇氣再出這本小冊子。這本定名為「心聲集」的詩集，是由傳統詩二十六首，現代短詩二十三首，長詩三首組合而成。並附錄短文六篇，以助讀者了解我對詩的理念與對詩人的期盼。

我所寫的傳統詩，未嚴守傳統詩的格律，我所寫的現代詩，也多不合現代詩意象化與朦朧美的時尚。我認為無論是傳統詩或現代詩，都是為表情達意。作者為表達他的思想與情感而寫詩，如果為嚴守格律，只顧塑造意象，裝飾朦朧美，以致詞不達意，或因詞害義，使讀者無法體會作者的心聲，引不起讀者的共鳴，那就失去作者寫詩的本意（那些為寫詩而寫詩，或為想作名詩人而寫詩，又另當別論）。

胡適之先生曾說：「文學的基本作用（職務）還是『表情達意』，故

第一個條件是要把情或意，明白清楚的表達出使人懂得，使人決不會誤解。」「文學貴乎有情感、思想……近世文人沾沾於聲調字句之間，既無高遠的思想，又無真摯的情感，文學之衰微，此其大因矣。」「做寄託詩的往往用許多典故套語，只有箇中人懂得，局外人便不能懂得。局外人若要懂得，還須請個人詳加註釋。」很多年來，我每天閱讀五份全國性大報，花在副刊上的時間最多，看到新詩的得獎作品每篇必讀。也許因我的悟性太差，須詳讀評審委員的評語，才得一知半解。有時看到評審委員們，對同一篇作品的認知評價有極大的差異，這是不是意味著評審委員也看不懂呢？評審委員都是詩壇有名望的詩人，尚且如此，一般讀者就更難了解作者所表達的情意了。那只有留待作者自己或崇拜詩人的讀者們欣賞陶醉。

胡先生又將詩詞表達的意境，分析歸類為「言近而旨遠」與「言遠而旨近」。並解釋說：「言近而旨遠是說：從文表面看來，寫是一件人人可懂的平常實事，而進一步，卻還可尋出一個寄託的深意」；「言遠而旨近，本是極淺近的意思，用了許多不求人解的僻典。若不知他寄託的意思，便成全無意識七湊八湊的怪文字，這種詩不能獨立存在……。」胡先生的見解，我有同感（但我不是胡適迷，我對他反傳統、祖宗罪孽深重、全盤西化等論調，不敢苟同）。

我的這些作品，都是蘊積在我心中想說的話，希望說出來別人聽得懂，形諸文字讀者能看得懂，所以用自認為最簡潔明確的詞句；為節省篇幅及不浪費讀者的時間，故以傳統詩與現代詩的形式來表達。我的目的不是為寫詩，而是要表達我的思想與情感。在寫作時，我只求如何真實的表達我的心聲，不刻意求其合於格律，及營造意象化與朦朧美，以免因字詞而害義。我不敢說，我的作品「言近而旨遠」，但我的作品不是「言遠而旨近」那一類型。我無意批評「言遠而旨近」的詩不好，只是我覺得那種詩，可當純欣賞，較適合社會高層人士閱讀。「言近而旨遠」的詩，較易發揮思想與情感的傳播功能，可隨讀者的感悟能力，體會到不同層次的意境。

談到文學，談到詩，就使人聯想到有「傳統」與「現代」之分。文學是人類在生存發展過程中衍生出來的，是人類對現實情景與理想境界反映的情愫。人類生存發展是漸進的，是延續的，文學是智慧經驗累積的體現，而且要繼續不斷的探索前進，從我們的祖先至子孫後代。以這樣開闊的視野，這樣曠達的心胸談文學，談詩，所謂傳統、現代，只是一個個里程碑，不是一條條不能跨越，不可交流的鴻溝；也無對與錯的問題存在。傳統詩與現代詩，不必相互排斥，而要相互啓發，以新的面貌，樹立新的里程碑。像傳統醫學與現代醫學，經過幾十年的相互排斥，現已峰迴路轉，互取所長，補其所短，對人類的疾病診療及優生保健，已拓展新的境界。我們的傳統詩人與現代詩人，何必要死守疆界呢？

所謂「傳統」與「現代」，是從時間觀點而言。從空間觀點而言，有人提倡「文學無國界」，有人主張現代詩要「橫的移植」，不要「縱的繼承」。大同社會，是我們中國政治哲學的最高理想，也是共同追求的目標。那個遙遠的目標，必須一步步向前邁進，在未達到目的地之前，國界仍是國人的安全屏障。文學發源於人情與國情，因相互交流而相互影響，而演生出新的文學，是自然的趨勢，也是必然的結果。倘基於崇洋媚外心理，捨己從人，那是一種病態。當年高唱「全盤西化」、「橫的移植」的人，如果他有良心，看到今天西方國家所面臨的困窘，西方人民對現實的不滿，對未來的徬徨，可知「西化」不能解決我們的問題，而且會帶來一些新的問題。他們對當年的誤導所產生的不良後果，應感到愧疚。我們的文學家們，怎能不慎思明辨，謹言慎行！

文學被稱為「精神食糧」，自然與「精神健康」息息相關。我們每天從各種傳播媒體獲得的訊息：色情、暴力、貪慾、憂鬱、迷信、吸毒、恐懼、說謊等病症，都在世界各地大流行，人類的精神健康，已到了百病叢生，沉疴難起的地步。這也說明我們的精神食糧出了問題。由於傳播媒體不停的傳播，產生了負面作用，使犯罪率快速上升，而且與生活水準及知識水準成正比，犯罪年齡日漸下降，人類的前途，實堪憂慮！

我曾在一家大報的副刊，看到一篇得文學大獎的敘事長詩，作者塑造一些意象鮮活，以尖酸刻薄的詞句，反映對現實的滿。以無中生有及以偏概全醜化現實，極其誇張而具煽惑性。憑其舞文弄墨的技巧，得大獎當之無愧。評審委員獎評，也認為其內容描述與現實不符，而憑表現的技巧予以重獎。不知評審委員們是否考慮到，設立文學獎的意義與目的何在；這樣評選得獎作品，是否符合社會公義與道德良心？因此而形成的詩壇歪風，將影響深遠，使我們的子孫食其惡果。文學追求的是真善美，詩講求溫柔敦厚，那首長詩不真、不善、不美，也談不上溫柔敦厚，怎稱得上是精緻的文學作品？文學可貴的是，能予人心靈的啓發與慰藉，引導人們擴大心胸領域，體認生命的意義及提高生活的品質。現代的文學在趨向低俗化、虛幻與詭異，這樣的「精神食糧」，怎能維護及增進世人的「精神健康」，以發揮天賦智慧，創造與時俱進的人類文明？

文學、哲學、藝術，常相互啓發，互為表裡，所謂「詩中有畫，畫中有詩」、「詩含哲理」、「詩有禪意」。文學家、哲學家和藝術家，似乎都有一種浪漫情懷。他們由浪漫情懷所表現的行為，所付出的代價，往往使人憐惜，又令人憎惡。像徐志摩，放棄世人眼中認為很美好的，去追求他的「單純信仰」——愛、自由、美，那些美麗的憧憬，一無所獲。他似有悔悟的說：「一個曾經有單純信仰流入懷疑的頹廢。」最後賠上他三十五年的生命歲月。

娜拉受易卜生的個人主義影響，拋棄丈夫和子女，離開了家庭，要去「努力做一個人」。不知她要努力做個什麼樣的人？最後又成了怎樣一個人？讓親人傷心，使自己孤獨而已。

梵谷酗酒、嫖妓，將自己的耳朵割下一個送給妓女，怪異瘋癲，為社會所不容，窮途潦倒自戕以終。死後他的作品被畫商炒作，一些藝評家跟著搖旗吶喊而創天價。有個梵谷迷說：「這個世界不配擁有他」。我認為是他不配擁有這個世界！梵谷除為畫商賺進大把鈔票，他的人和他的畫，對世人來說不知有何意義？他是位天才精通幾國語言，他不知珍惜才華為人群造福，辜負了上帝的恩典。

李叔同，前半生濫情，後半生絕情，他留下的那件有二百二十六個破洞的衲衣，和一千八百餘顆舍利，是補償不了當時親人對他的哀怨，及他對世俗的傷害。在我這個俗人的眼裡，以上那些超凡脫俗的高人，他們的立身行事及人生結局，對他們個人來說，是一幕幕悲劇，對國家社會來說，是重大的損失。他們無視別人的存在，又以別人的痛苦換取自己的需求與滿足，不思有所回饋。人人都像他們，這個世界將成什麼樣子？我深深為他們浪擲才華而惋惜，也為他們的人生而悲哀。

宇宙萬象，從無到有，有歸於無。這個簡單的定律，誰也無法推翻，誰也無法超脫，也沒有是非對錯，一切現象，本於自然，曇花一現，又回歸自然，沒有什麼好爭辯的。問題出在，從無到有之後，及從有到無之前這段過程，惟有我們人類，有思想、有情感、有欲望、有創造能力、有理想。每個人都想快快樂樂的過一生，不願悽悽慘慘的活一輩子，於是產生了人際紛歧錯雜的利害關係。以人類的智慧與能力，互助合作，妥善運用及開發地球蘊藏的資源，足以使全人類都生活很快樂。但事實不然，人類長久以來，把智慧與能力用計謀與策略上，將有用的物資消耗在戰爭上，並隨著物質文明愈演愈烈。放眼天下，於今烽煙四起，哀鴻遍野，億萬人在飢餓線上掙扎，在相互鬥爭，相互殺戮的恐懼中偷生。如何使世上的人，都能快快樂樂的過日子，不致悽悽慘慘的受罪，應該是文學家、哲學家和政治家們研究的課題，選擇的方向和努力的目標。我相信全世界的人，都在如此祈求與期盼！

時常有人說：只談文學，不談政治。說這種話的人，不是自鳴清高，就是不懂政治。文學真能獨立政治之外嗎？政治學家們，為政治下了許多不同的定義，我認同國父孫中山先生對政治的詮釋：「政是眾人之事，治是管理，管理眾人之事，便是政治。」言簡意賅，人人能懂。現在政府已將「管理」一詞，在很多地方改為「服務」，顯得政府與人民之間關係親切。有人說：政治是最骯髒的。其實政治是最純潔而高尚的；但最容易受污染或被扭曲而變質變形。一般人似乎只看到它被污染的蓬頭垢面，未見其清純的真面目。文學家們應清除它的垢面，透視它的心靈，導正世人積非成是的錯誤觀念及鄙視心理。

人類愈文明，相互依存的關係愈密切，愈脫離不了政治。現在世界各國都在推行民主政治，要人民做國家的主人，關心政治，過問政治。做一個文明的現代人，從搖籃到墳墓，都享受到政治權利，到有行為能力時，就要盡政治義務，誰能不談政治，不管政治？文學家們更要多盡一份政治評判的責任。將評判的結果，形諸文學，公諸社會，以引導國民同胞，選擇正確的政治方向，追求共同的理想目標。

民國成立以來，我們的文學家們，未善盡這方面的責任，而自命清高，唱高調、說風涼話，以頹廢墮落為風流倜儻自傲；或譁眾取寵、沽名釣譽，甚至憑自己的激情好惡，不顧真理正義，歪曲事實，顛倒是非，製造謠言，誤導群眾而自豪。使社會風氣敗壞，道德淪喪，政局紛擾，戰禍連年，阻礙了國家建設。內亂招致外患，國家幾至滅亡。那班無恥文人後來都自食惡果，禍延子孫。那些慘痛的教訓，值得文學家們警惕與反省。

政府遷台後，在兩位蔣總統的卓越領導下，志士仁人的犧牲奉獻，及全民的努力，經過四十多年的生聚教訓，在艱難困苦中，開創了一個小康的局面；但距 國父孫中山先生的建國目標尚遠。而近年來，富裕的生活，腐蝕著社會人心，政治受到金錢與暴力的污染，又被分歧錯雜思想的衝擊，處處呈現一片亂象，未來政治穩定與走向，令人擔擾。如果中共以國父思想取代「四個堅持」，很快就會超越台灣。果真能以國父思想統一了中國，無論是台灣或大陸，我都樂意做一個順民。我想，那將是一個有尊嚴而快樂的順民！

我們的世界，從科技的角度看，確實進步文明；但從人性及倫理道德角度看，人類是在墮落沉淪。不知有沒有西方極樂世界？有沒有人人想往的天堂？有沒有永生與轉世輪迴？我只在意我們及子孫的現實世界。我雖沒有宗教信仰，當我聽到證嚴法師現佛身普渡眾生的福報，和史懷哲醫師奉上帝意旨救世人的福音，我真希望有位慈悲的佛菩薩，有位全能的上帝，高高在上，隨時隨地眷顧、庇佑芸芸眾生，使人類子子孫孫生活在一個和平安樂的大同世界。我的眼前經常浮現著千百神明，但常住我心中的神明是孔子和孫中山先生，他們引導著我在人生的道路前進。

我九歲開始放牛，在飢寒中成長，做過農人、工人、商人、軍人，走過漫長又坎坷的生命歷程，看過很多悽慘的人間悲劇。我珍惜現在擁有的一切，希望為我享受到服務，在有生之年回饋一分心力。歲月無情，何時將我帶入從有到無的時光隧道，我都懷著感恩心，而無遺憾。

中華民國八十一年十二月於台北市

萬里江山故園情自序

「萬里江山故園情」這本小書，是我退休後去大陸旅遊歸來，就所見所聞，所思所感，依行程順序記敘的三十七篇散文結集而成。為使讀者加深印象及享有臨場感，特將參觀訪問過程中所拍攝的照片，挑選數十幅刊印在書內。

我這次大陸之旅，行程共四十六天。從桃園中正機場飛香港，經哈爾濱、北京到西安，是隨「秋水詩刊」同仁到大陸作尋詩之旅，以慶祝秋水詩刊創刊二十週年，並進行兩岸文化交流。因是團體活動，認識了很多東北與西北地區的文藝界朋友和地方人士，受到熱情的歡迎與接待，使我們有賓至如歸之感。在多次聚會座談及坦誠的討論，彼此對發揚中華文化的理念，凝聚了共識，為加強兩岸文化交流，都表現出高度的熱忱，使我非常感動。

團體活動在西安結束。除墨人先生去昆明，其他同仁直飛香港回台灣。我則繼續西行，循絲路經蘭州、酒泉、敦煌至烏魯木齊，再到成都。這一路上，有兩位大陸青年詩人作家何蔚和涂擁伴遊，飽覽了多彩多姿的大自然風光，沿途採風問俗，交了不少各行各業的朋友，收穫甚豐。

從成都到重慶，順長江而下，遊大小三峽，經岳陽到武漢，這一行程只留下我這個白髮蒼蒼的「獨行俠」。但意想不到，沿途卻結了眾多善緣，使我體會到「四海之內皆兄弟（姐妹）」的真諦，也感受到人間處處有溫情。回到安徽岳西老家，親情、友情、鄉情，交織成綿密的情網，網住了我。在八天之中，使我情不自禁，從早到晚有說不完的「情話」。

這次大陸行，所到之處，臨別時都是離情依依，令我此生難忘。可惜我沒有王勃「海內存知己，天涯比若鄰」及「落霞與孤鶩齊飛，秋水共長天一色」，那樣抒情寫景的生花妙筆。無法將銘刻在心版上的深情美景，很鮮活、很細緻的描繪出來，只能平鋪直敘的勒出一紙輪廓，讓聰明的讀者去揣摩、想像、美化吧！

我曾聽說，有些人去大陸旅遊、訪問、探親，乘興而來，敗興而歸，受了委屈，憋一肚子氣，使我難以想像。也許是溝通不良，彼此不了解對方而產生誤會，引起猜疑與反感所致。我的遊伴何蔚君笑我，你見人就問：貴姓？府上那裡？我出遠目，緊記：入鄉問俗，入境隨俗這兩句俗諺，找機會與同行或相聚的人交談，增進彼此間的了解，建立友誼。我以這樣的心態，坦誠謙虛的主動與人交往，都獲得善意的回應，得到不少方便，交了很多萍水相逢的益友。我與親朋好友們聊天時，談到這次去大陸旅遊途中，那些稱心快意的事，他們笑說：怎麼好人都讓你遇到了？的確，我遇到了不少好人，而且是幫我解決困難的貴人。

我寫這本小冊子，是想提供讀者一些訊息與經驗，做為去大陸旅遊訪問的參考；希望對兩岸交流，促進良性互動，有些許啓發作用。做為我支領國家退休俸的一點回饋。

生命履痕自序

我剛過六十八歲生日，踏著第六十九個年輪，在人生旅途上彳亍，珍惜屬於我的有限時光，情不自禁地回顧來時路，看那一個個留下血汗的深深履痕，自我慶幸，能超越沿途險阻障礙；又自我期許，要在夕陽晚照裡，為生命再添加些許「附加價值」。

於是，我選些在報刊發表過的抒情、敘事短文，及拜讀文友和詩友們贈大作的讀書心得，結集名為《生命履痕》。這不僅是我個人的生命履痕，也是在書中出現者的生命履痕。並將履痕上綻開的風景，轉化成文字圖片呈現出來，希望能使讀者悅目怡情，增進生活情趣及生命活力。

生命的意義與價值，從科學、哲學、宗教、政治、藝術的不同角度省察認知，就有不同的詮釋與評價。愛因斯坦曾說：「人是自己認為甚有意義，其實並沒有多大意義的一種動物。」愛氏在科學上的成就，對人類的貢獻，有目共睹，舉世同欽，他怎麼揶揄人是沒有多大意義的一種動物呢？也許是他科學的慧眼，透視人生，見人所未見而偶發的喟嘆吧？德國哲學家尼采的「超人哲學」，認為人生的最高境界是超越善惡，開創自己的價值。他的哲思是理想抑是幻想？如何驗證？佛祖要普渡眾生到極樂世界，基督要救世人上天堂得永生。極樂世界在那裡？天堂又在那裡？這些歧異的真理，就要憑我們的智慧去深思、探索、取捨與調適，以經營我們的幸福人生。

孔子說：「朝聞道，夕死可也。」孔子所追求的「道」，是「大道之行也，天下為公」的「道」。這個「道」就隱藏在每個人的心中，以誠意為起點，循正心、修身、齊家、治國、平天下的階梯前進，各盡所能，知其所正，止於至善——人類和平安樂的大同世界。這是跨世紀而無止境的接力長跑， 國父孫山中先生和先總統 蔣公，都在接力途中，樹立了典範，遺留下標竿。

從藝術角度看人生，就顯得有些光怪陸離，使人眼花撩亂，頭暈目眩，令人迷失方向，誤入歧途，走上不歸路。法國詩人魏倫和藍波，及荷蘭畫家梵谷，都以墮落的行為詮釋生命的意義與價值，演出他們的人生悲劇。藍波還說「怠惰」也是人的權利。

我國名學者，世稱「幽默大師」林語堂先生，寫了一本《生活的藝術》巨著，厚達四百餘頁。他在「自序」一開頭便說：「本書是一本私人的供狀，供認我自己的思想和生活所得的經驗。」我們來看看他是怎麼說的：「我不願見到我自世界上都變成十全十美的人類……我只是愛好人生，因愛好人生，所以我極端不信任智能。」「我認為人生不一定要有目標或意義。」「講求效率，講求準時，及希望事業成功，似乎是美國的三大惡習。」「一個人第一步應相信世界上並無災難，也應相信，把事情放著不做，比把事情做好更為高尚。」「一次優美動作，或簡單動作的衝動，本來就是一個美術的衝動；甚至如一件謀殺行為，或一件陰謀行為，祇要在動作上作得簡潔，則看去也是美的。」林博士《生活的藝術》這本書中，驚世駭俗，聳人聽聞的論調，我不忍心再多列舉。

上述那些狂徒和享樂主義者，他們可曾想過，如果世界上的人都像他們，不事生產建設，不肯為別人付出，卻要別人為他們服務，那將成為一個什麼樣的世界？還有他們狂放的空間及他們享樂所需求的一切嗎？

我這本書裡所列述的作家和詩人，他們在社會上扮演著各種不同的角色，在誠意、正心、修身、齊家、治（愛）國的人生旅途上，已播種出繁花及錦，碩果垂枝，芬芳四溢。為社會奠定一個個穩固的基石，向至善的境界邁進。我有幸能與他們為鄰，並結識為友，是我意想不到的豐收！

祖露心靈自序

這本「祖露心靈」的詩文合集，是我繼「心影集」、「心聲集」兩本詩集，及「萬里江山故園情」、「生命履痕」兩本散文集之後的第五本書。從心影、心聲、心情、生命、心靈這些書名可知，有其一致性與連貫性。這五本書寫作的流程歷二十年，出版時間跨七個年頭，內容卻函蓋我七十年的生命歲月，是我的心靈遨遊大千世界的「寫真集」，是我執著的心靈，在多變的時空裡，所呈現的語言及影像。

「祖露心靈」這本書，分為卷一：詩情；卷二：文愫。詩情部分，選入近幾年詩作五十首，大半在報刊發表過，其中有些再略加修改。我始終認為詩是心靈的語言，以表達自己的思想與情感，作為與別人心靈溝通的橋樑，以增進彼此生活的情趣，及人際關的和諧與共識。因此，我寫詩不求新奇、詭異，不帶什麼主義，什麼派的色彩或光環，不是為想做詩人而寫詩；只以真情實感，運用社會大眾能理解的詞彙，表達我的心意，希望讀者能看透我的內心世界。而不願與讀者玩捉迷藏，或做猜謎遊戲。

文愫部分，有我寫給長官和親友的十五封信及獲得的回響。五年以來，我與長官和親友往來信函有六百多封，彼此坦誠相待，互通訊息，情感交流，我受益良多，永生難忘。除信函之外，尚有幾篇徵文作品及讀書心得，都是我的由衷之言，也是我心靈的吶喊。

走過這個大時代變化莫測的七十年，歷經險阻艱辛，我一直袒露著心靈，在茫茫人海，摸索前進，與人交往，與人共事，平安地走過漫長的生命旅程。也許是獲得別人的信任，能化危機為轉機，化阻力為助力，使我得到的超過我的預期。我懷念過去患難之交的情誼，對現實生活也很滿足，而心存感恩。

有人說，作家是人類靈魂的工程師，文學是人類的精神食糧。審視今日全世界的人文生態，有許多人靈魂出竅，胡作非為，又有更多的人，精神陷於飢渴、頹廢、狂妄，是不是有些靈魂工程師，患了精神分裂症？精神食糧的供需與品質都出了問題嗎？我不敢以作家自居，我的詩文作品，也不是市面上流行的那些，能麻痺神經或產生幻覺的精神食糧。

這本書裡的詩文，是我為安頓自己心靈所建構的安樂窩；是我為供應自己精神食糧的餐點：能使我悅目怡情，提神醒腦，降肝火，增加免疫力，對時下大流行的時髦病症候群，有預防及根治的效果。想安頓心靈及維護精神健康的朋友們，請親臨感受安樂窩雲淡風輕，泥土芬芳的情趣，品嚐餐點略帶苦澀回甘的風味。進而袒露心靈，面對無常的人生，執著自己的生涯規劃。期盼高明給我指教，俾與讀者同沾雨露。

心橋足音居散記友情交響自序

我歷任軍、公、教職四十餘年，屆齡退休，遷居台北縣鶯歌鎮，環境清幽。距我家三百多公的「林長壽紀念圖書館」，有全國各大報及著名期刊百餘種，藏書豐富，是我休閒閱讀的好去處。子女各自立業成家，老伴年輕我十多歲，有份勞動健身的工作，早出晚歸。我過著安適自在的生活。

雖然沒有職務在身，沒有家庭負擔，我總覺得，自己支領國家退休俸，有一份國民應盡的責任與義務，不能虛度歲月。我身體尚健，一面自修習作，一面參加文藝及社團活動，以增長見聞。九年來出版了五本詩文集，是我心靈的吶喊，步履的足音。

兩年前，我又將近期在報刊發表，或未曾發的詩文作品加以整理，原擬出版一本詩文合集，卻因故一再延宕，作品愈積愈多，曾改編為詩集與文集兩本，隨即又獲浪波先生惠贈《文譚百題》詩文評論，我邊讀邊寫心得。我讀完那百篇精美短文，也寫了百篇讀後感。於是，我編為《心橋足音》詩集，《鄉居散記》及《友情交響》文集，三本書同時出版，用同一〈自序〉，向讀者諸君們傾吐我的心聲。我寫詩為文，是陳述我的真情實感，不是虛擬故事。我生長在貧苦家庭，少年失學，從事勞苦工作，又久經戰亂，看盡人間悲劇。我在生命旅程中體驗人生，觀察社會現象。從自修閱讀中探索歷史演進及宇宙的奧祕。

我的詩文是眼見世界人類，在加速奔向未來的途程中，險象環生的思維片段。是寫給社會大眾看的，希望與讀者作心靈溝通，獲得認同，以促使沉迷虛幻夢境者，回到現實人生，發揮智慧，付出心力，共同創造更美好的生活環境，及安樂的人類世界。

我的這些詩文，審度當下人文生態及文壇風氣，恐難獲詩文名家青睞。又趕不上潮流，不合新新人類的口味。儘管如此，我仍鼓足勇氣，將之結集問世，聊盡我的本分，以求心安。我又信心滿滿認為，在這廣大的社會裡，不乏我的知音，一旦相遇，即可引起共鳴。在這黃昏晚景稍縱即失的時刻，我肆無忌憚，將心思盡情傾吐，尋求知音！

回顧人類的生存發展史，詩與文均未發揮其應有的功能，未收到精神食糧的最大效益。是詩人作家未盡到作人類靈魂工程師的職責。舞文弄墨者，玩詩文自娛以愚人，今甚於昔。如有權勢者，玩世自欺欺人：神權時代玩神權，君權時代玩君權，民權時代玩民權，資本主義玩財富，共產主義玩魔術。玩得遍地血腥，人性泯滅，危機四伏。有些詩人作家，被那些玩家，玩於掌股間，拿筆桿當槍桿，為當權者衝鋒陷陣，最後成了獨裁者的刀下冤魂。

人類從上古的洪荒原野，邁入文明世界的科技時代，不是玩出來的，而是務本求實的歷代祖先，竭盡智能創造出來，擇善固執世代傳承，一步步走出來的！以往那些玩家的浮光掠影，已煙消雲散了無痕跡。當今的玩家，在玩詩文，玩權術，玩科技，玩鬼神，玩得走火入魔，玩出一片片亂象與假象，使芸芸眾生人心惶惶，憂心忡忡，已有難計其數的蒼生死於玩家魔掌。

幸存者，能走出詭譎多變，險象環生的二十世紀的時光隧道，即將邁進一個新的世紀，人們都滿懷希望。我真心誠意地期盼，我們同舟一命地球村民，能冷靜思考，發揮大智慧，同心協力，妥善開發運用地球蘊藏的資源，相愛互助，節約惜福，共同締造美好的新願景。切盼我們的詩文名家和文藝工作者，善盡自己的職責，做群眾的嚮導，引領人類，邁向和平安樂的世界！切莫貪玩，以免玩火自焚，玩出世界末日。自知我的末日已近，但願人類世界，一天比一天光明燦爛，子孫的業績輝煌，直到永遠！

民國八十九年十二月於鶯歌自宅

友情交響前言

浪波先生（本名潘培銘），是河北省文聯主席。於一九九八年九月二十六日，隨大陸文藝界代表團，來台參加「兩岸詩刊學術研討會」，會期兩天，會後由「中國詩歌藝術學會同仁陪同」，至台中、花蓮等地訪問參觀旅遊，我全程參與。因此機緣，結識了浪波先生。因他在台灣詩壇知交甚多，行程安排緊湊，我們是初次見面，未及深談。他回去後寄書贈我，從此書信往還，友誼日增，已成知己。

今年四月初，他寄贈新出版的《文譚百題》文集給我。我用心拜讀，圈點眉批，讀完全書，覺得有很多話想說。《文譚百題》是浪波先生長期領導文化工作及主編報刊的種種感觸，盡情傾吐，期能對當代文藝界有所啓發。他的宏觀探微，深入問題核心的議論，我所知有限，也不是寫篇心得說得透的。為報知遇的情誼，又非傾吐心聲不為快。左思右想才決定以《友情交響》為書名，寫成一本文集。依一百題名次，先列原文題目，再抄原文摘要，然後寫讀後感。抄抄寫寫，初稿複稿，總算完成。讀之再三，又覺得詞不達意，而意猶未盡，乃力不從心之故。知我者必會諒我，才敢獻醜。

我癡長浪波先生幾歲，算是同一年代的人。雖同是在那個大時代中顛沛流離，卻在不同的生存及生活環境成長，受不同的教育，幹不同的工作，喊不同的口號，奉不同的神明。所幸在那時代我們未曾碰面，碰面便是敵人。自大陸改革開放後，兩岸的天空都起了很大的變化，雖偶有電閃雷鳴，疾風驟雨，卻常是陽光普照，星月交輝。近年來兩岸通商互利，前途一片榮景。文化交流血濃於水，雙方洋溢著溫馨。不知偶而何來風聲鶴唳，使人膽顫心驚，何必要嚇唬自己人呢？我想可能是那些政客藉機圖利自己吧。「計利當計天下利，求名應求萬世名」。「文革」的浩劫殷鑒不遠，何其健忘啊！

浪波先生的文章，無一不是為天下蒼生著想，為國家社會求進步，為平民百姓訴心聲，為發揚中華文化而盡心竭力。不計個人名利，對不利中華文化發展的言論，提出義正詞嚴的批評。浪波先生是一位負責盡職的人類靈魂工程師！

浪波

愚公

太行王屋万仞险，巍峨耸峙门前，
开辟千里通途，你毅然扛起扁担；
担山担水担日月，自知任重道远，
代代传递，从你的肩，到我的肩……

遊目騁懷自序

《遊目騁懷》這本小冊子，是我的第九本詩文集，也許是最後一本。坐七望八之年，雖不是生命極限，但健忘症逼我日急，耳鳴的聲調日漸升高，安眠時間漸少，都是生命價值衰退的指標。生命的長短與價值，不一定成正比，能活多久我不在乎。有生之年，該做的，能做的，我會盡心盡力，堅持到底。

我寫詩為文，不是想做詩人，也不是為搶個作家名位；只是將我所見、所閱所感、所盼，用心靈的語言表達出來，以盡為人處世的本分。在我的九本著作裡，不計個人得失利害，對人間是非善惡，福禍根源，竭盡所能，慎思明辨，暢所欲言，盼能與人溝通，尋求共識，進而攜手同心，躬行履踐，締造共同追求的美好願景。

《遊目騁懷》是本詩文合集，分為四卷，前三卷是現代詩，第四卷是評述文及書函。卷一「人間掃描」是描述人文生態與自然生態，所呈現的景象，所存在的危機，被社會大眾所輕忽，表達我的焦慮與期盼。卷二「如是我觀」將人間百態的光明面及黑暗面並陳，說出我的警惕與願景，以爭取社會大眾的認同，為撥亂反正，轉危為安盡一分心力。卷三「三月詩趣」是我參加「三月詩會」命題詩的創作，在創作過程有情趣，有樂趣，不涉名利而生趣盎然。卷四「心靈感應」是詩友和文友們閱讀我的作品，所撰寫的評文及書函，也有我拜讀好友們詩文的讀後感，都是彼此心靈感應的回響。

寫到這裡，我忽然心生反思：人類從洪荒時代，已步入科學昌明的二十一世紀，綜觀人類世界的情景，天災人禍相互激盪惡性循環，已出現嚴重的生存危機，不禁使人懷疑，人類的文明已在節節倒退，人類的前途實堪憂慮！

回顧洪荒時代，人類在荒漠原野，巢居穴處，茹毛飲血，揭開歷史的序幕，在生活中累積經驗，形成文化，經過悠長的時光隧道，摸索前進，才到達今天這個令人亦喜亦憂的繁華領域。人類的進化史，是一幕幕悲喜劇，喜劇眩耀光榮的紀錄，悲劇留下沉痛的傷痕。

更不幸的是，在世代交替的過程，該傳承的良心美德多被拋棄，該根除的惡行罪孽更加猖狂，不知如何結局？！

我靜觀默察，人類已面臨三大危機：

一、地球上的人口在不斷增加，而物質資源日漸枯竭。已開發國家及開發中國家，仍在鼓勵消費，刺激生產以促進經濟成長，使很多有用的物品被棄置成垃圾，污染環境破壞自然生態，嚴重威脅人類生存。所謂的政治學者，經濟學家們，以及各國執政當局，只求急功近利，提升國際地位，擠入列強之林，想獨霸世界。不顧及人類的永續生存發展。無視於貧窮落後國家人民，掙扎在飢寒病疫的死亡線上，真是人類的奇恥大辱！

二、人類日漸被物化、神化、妖魔化而失去自信、理性與人性。凡事以雜亂為多元，以光怪陸離為突破創新，以放肆自大，有我無人為自由民主，以頹廢墮落為文明進步。從殺人、放火、搶劫的犯罪率快速上升，犯罪年齡日漸下降，人類已在走向毀滅之途。

三、從家庭暴力，族群對立，政黨紛爭，宗教仇恨，區域戰爭，商戰傾軋，使人們缺乏安全感，憂鬱症患者在快速增加，生活品質低落。救亡圖存，重建心靈創傷刻不容緩。

福禍存在人心一念之間，凡事利人利己會生福苗，損人利己種下禍根。孔子主張以「仁愛」互愛相生；中山先生提倡以「博愛」相生相養；證嚴法師開示以「大愛」撫慰眾生。孔子和中山先生的教化，是從政治層面著想，在施政過程領導人民，以達到共同願望，是全面性的，績效不易顯彰，卻有潛移默化之功，形成文化傳統。證嚴法師，就是繼承這個傳統，融合佛教精神，從自身做起，領導慈濟人，從個案切入，一步一腳印，走出前所未有的奇蹟。希望慈濟志業繼續發展，能導正人心，使地球村民共同永享和平安樂。

我沒有宗教信仰，也不是慈濟人，只是慈濟功德的景仰者。我是孔子和國父孫中山先生信徒。以上所言是就事論事，抒發感懷。我的九本詩文集，是我心靈的寫真集，是否值得一看，由讀者去品評，我心坦然。

中華民國九十一年青年節於自宅

浮生掠影（我眼中的世界）自序

這本詩文合集，是我七十五年生命歲月的履痕，分為四卷。卷一「為歷史見證」長詩六首，是陳述歷史人物的豐功偉業，美德善行，以供今人、後人效法；是呈現暴政所遺留的歷史傷痕，及當下人類社會出現及潛伏的生存危機，提醒社會大眾知所警惕，妥為因應，轉禍為福。卷二「暢抒胸懷」有小詩和短詩三十六首，是我所見所聞所思所感的獨白，也是我一心嚮往人類和平安樂大同世界的癡情。卷三「心靈互動」有評文、書信、國事及時事建言共十篇，是執筆者的真情流露。卷四「一路走來」是我生命過程的剪影，分為：幸福的童年、苦難的少年、踏實的中年、舒暢的晚年，分五個階級呈現讀者眼前。

我的詩文，是表達我對人生意義與生命價值的詮釋，希望能獲得讀者的共鳴，進而合奏人類生命的美好樂章！

良性互動自序

宇宙萬象，由互動而生，因互動而變。個人的得失成敗，國家的盛衰興亡，人間的福禍安危，都是在互動中逐漸形成。良性互動的良性循環，促進了人類文明，累積成優良的文化傳統。惡性互動的惡性循環，相互效尤，彼此傷害，積怨成仇，爭權奪利，征戰不休。

回顧人類生存發展史，都是良性互動的良性循環，與惡性互動的惡性循環，相激相盪的真實紀錄。在漫長的歷史流程中，良性互動的良性循環漲潮期，聖君、賢相、清官、良民，共同營造出一個個太平盛世，百姓安居樂業。惡性互動的惡性循環泛濫時，昏君、佞臣、貪官、莠民，狼狽為奸，禍國殃民，生靈塗炭。良性互動的良性循環，是人類文明進步向上攀升的階梯；惡性互動的惡性循環，則是向下沉淪的陷阱。此說並非我臆度揣測，茲舉兩個現實例證，以供參考。

一、良性互動的良性循環範例

三十多年前，證嚴法師還是女青年，懷著信佛的慈悲心，與二十位信徒姐妹相約，每人每天節省五角錢救濟貧窮苦人家，感動了鄰里鄉親，獲得熱烈響應，在良性互動的良性循環中，成立了「慈濟功德會」，從事慈善、醫療、教育、文化四大志業。改善了貧窮落後地區及災區的人文生態及生活環境。世人將慈濟人的活動領域，稱為慈濟世界。現已遍及全球五大洲幾十個國家，證嚴法師已成為實至名歸的領袖，備受尊崇與愛戴。慈濟世界，不分種族、國籍、宗教，成為人類夢寐以求的大同世界！慈濟人的功德，是人類世界良性互動的良性循環典範。

二、惡性互動的惡性循環慘劇

美國人懷雄心壯志，飄洋過海，登上新大陸開疆拓土，要建立理想的新家園。經過風風雨雨，成立了「美利堅合眾國」，為解放黑奴發生內戰。黑奴獲得解放，成為民主先進國家，世界各地向美國移民趨之若鶩，以做美國人為榮，於是政治、經濟蓬勃發展，很快成為世界強國。經過兩次世界大戰的歷練，嚐到勝利者滋味。第二次世界大戰結束，美、蘇兩國展開冷戰，都想擴大勢力範圍，互爭霸權，在戰敗國及許多弱小國家內，製造分裂對立，提供軍經援助，培養附庸政權，受其指揮操縱，陷於長期內戰，以致貧窮落後，民不聊生。美國又高舉國際正義大旗，以國際警察自居，企圖展現政治及軍事實力宣揚國威，掀起「韓戰」及「越戰」，官兵傷亡慘重，消耗幾千億戰費，只落得灰頭土臉，求和脫困。

美、蘇兩強冷戰結束，蘇俄共產帝國解體，美國獨霸全球，征服世界的美夢未醒。積極研發太空科技，製造核子武器，搜括弱國資源發展經濟，攻佔全球市場。援助以色列製造中東軍事衝突，使以巴立國建國陷於長期戰爭。又巧立名目攻佔阿富汗及伊拉克，招致九一一紐約遭毀滅性報復，及不斷地自殺性攻擊。於是，又要領導全球反恐，廢核武，自己正在研發「精準」反恐核武。美國及其助紂為虐的友邦，已陷入自殺性攻擊恐懼中。世界局勢發展對美國日趨不利。美國帶動這一連串惡性互動的惡性循環，已自食惡果；對全人類造成嚴重災難，及空前的生存危機，也是在為自己掘墳墓。

如果，美國在第二次世界大戰結束，像慈濟功德會那布施全球，將耗費在侵略戰爭的人力、財力、物力，用在慈善、醫療、教育、文化事業上，啓發良性互動的良性循環，早已成為受尊敬被愛戴的世界盟主，地球村也已成為人類共生共榮的樂園！以上是從政治層面看世界，來評斷良性互動的良性循環與惡性互動的惡性循環功過得失。

再從經濟層面檢視，自工業革命興起後，科技創造了物質文明；物質文明提升了人類追求物質享受的欲望，相對的降低了精神文明的理性與理想，產生良性互動的良性循環，與惡性互動的惡性循環，相激相盪的險象，良性互動的良性循環顯然居於劣勢，如：地球資源過度開發，大量生產非生活必需品，鼓勵消費，造成浪費。廢氣、廢水、廢物日漸增多，破壞了臭氧層，產生溫室效應，冰山溶解地球水位上升，陸地面積縮小；土地、河川及海洋被污染，農漁業生機日蹙；水、旱災頻傳，這些大自然的反撲，是人類生存最大的威脅！

經濟一詞，廣義言之是經世濟民，以大智慧去運用握有資源及物資，使全民過好的生活。當今世界上，很多國家的經濟大權，掌握在政客手裡，只求自我享受，一切經濟計劃及措施，以鞏固政權為考量，不以福國利民為取向，是人類社會的悲哀！

再從教育文化層面觀察人文生態現象，更使人悲觀：犯罪率不斷攀升，犯罪年齡逐漸下降；憂鬱症、妄想症在大流行；理性、理想被歪曲；痛苦指數快速上升；自殺率暴增，這些異象及險象，與生活水準及智識程度成正比。事實證明，教育文化良性互動的良性循環效益，遠不及惡性互動的惡性循環劣跡明顯。只有從教育文化方面著力，啓發人類向上提升的方向與途徑，才能邁向和平安樂的大同世界。這不是痴心妄想，是不行也，非不知也；是不為也，非不能也。我平生為人行事，即知即行，困知勉行，盡力而為，將名利擺在公平正義之後。

《良性互動》是我的第十一本詩文集，輯成三卷：

卷一：天道．地利．人情：收入長詩六首。

卷二：詩心．痴情．俗話：有即興詩及命題詩二十七首。

卷三：良性互動：選錄詩文評介九篇及建言和書信。

這本書的內容，都不外乎「良性互動的良性循環」與「惡性互動的惡性循環」所影響的層面，及攸關全人類生存發展問題。我不揣鄙陋，筆之於書，以盡為人言責，期盼能獲得讀者的共鳴。生命有限，來日無多，能暢所欲言，如願足矣。

回想文學路上

我能走上文學之路，首先要感謝我的祖父。祖父飽讀詩書，卻未趕上科舉取士的末班列車，終身以耕讀為業。晚年體衰息耕，教我這個長孫讀書，從三字經啓蒙，依序教讀論語、孟子、大學、中庸、詩經。先教讀背誦，再講解經文，歷時兩年，為我奠立一些國學基礎。再送我進縣立模範小學接受新式教育，啓發我新的思想。有一年的農曆年我去叔外祖父家拜年，他是位開明的秀才，已去世多年，外婆健在。我走進書房，書架上排滿了古今典籍。我翻閱到國父孫中山先生的三民主義、孫文學說、實業計劃三部救國濟世的藍圖，即成為國父的信徒。

小學畢業，因陷於抗日戰爭最艱困時期，為求生存，我去造紙廠做童工三年。抗戰勝利後，外來各種紙張價廉物美，土造紙廠紛紛歇業，我到商行做學徒。在做童工、學徒的這七年之間，每天工作十小時以上，已與文學絕緣。民國三十八年，國共內戰，政府頻臨崩潰，我參加國軍部隊，從廣州經海南島撤退來台。在軍中任職七年，由衛材士官逐步調升至少尉軍醫，從事醫、藥、護理工作，已可伺機涉獵一些文學作品。因病傷退除役，參加國軍退除役軍人轉任公務人員考試，及國小級任教師檢定考試及格，歷任公教人員三十五年。

民國四十七年被派往台東榮譽國民之家任職，是我公務人員生崖的起跑點，也是我踏進文學之路的門檻。我參加退除役官兵轉任公務人員特考，獲乙種和丙種衛生行政人員兩個榜首，到榮家報到，家主任要我寫篇自傳；我將家世、學經歷及理想抱負盡情傾吐。沒多久就指派我擔任行政院退輔會創辦的「成功之路」月刊，住太平榮家通訊員，並配給我一架高性能照相機。我在太平榮家任職二十二年，為「成功之路」撰了不少通訊稿及專題報導，曾獲趙聚鈺主任委員親頒獎狀。民國六十二年參加台東縣政府第九屆國語文競賽，獲社會組第一名。這是我第一次獲得文學獎。我到太平榮家任職後，每天必讀中央日報副刊，讀到我喜歡的詩文就剪貼起來，留作範本。

民國六十九年奉調退輔會第六處任職，榮民總醫院的「榮總人」月刊，有個文藝園地，主編徐世澤先生向我約稿，他是位傳統詩人，也寫新詩。我寫了些只為表情達意，不守規格的傳統和現代詩寄去，都被採用。公職居齡退休後，加入「三月詩會」，都是軍、公、教退休老友，詩會沒有組織章程，會員列冊輪流擔任召集人，主持座談會，並出詩題，每個月第一個禮拜六聚會一次，中午聚餐，然後討論「命題詩」，集思廣益，策勵精進，先後出版了四本詩選集，相互推選兩人一組擔任編審。劉菲詩友是「世界詩葉主編，大力提倡「古體新詩」，獲得海峽兩岸詩壇熱烈響應。我以：政治、經濟、軍事、外交、教育、天道、人道、理想、幻想、妄想、自省、展望為題，仿莎士比亞十四行，寫了古體新詩二十首，在「世界詩葉」分期刊出。我在其他報刊發表過不少詩文作品，都收入我的十一本詩文集中。

我讀過孫如陵先生悼念姜穆先生紀念文「退稿三百篇——我與姜穆的那段公案」，啓發我一些聯想：孫、姜二位先生，是貴州苗族鄉親，又是麻將牌友，竟退他投稿三百篇。姜先生提到此事時，面露笑容，毫無慍色。這兩位文壇前輩，君子風範令人敬佩。姜先生的堅強意志，無與倫比。中副選稿認稿不認人，是投稿者的共識，獲得廣大讀者肯定。

我從讀者步上作者台階，是最幸運的人。向中副投稿一投就中，民國六十七年三月十四日，刊出我的一首現代詩。至七十四年共發表百行以上長詩五首，短詩十九首，從未退過稿。記得有一次，夏鐵肩先生將「榮民精神」這首長詩退回，附函教我將內容濃縮精簡，我遵照指示改寫寄出，很快就見報。那時中央日報還有另一個副刊「晨鐘」，由胡有瑞女士主編，自七十一年六月七日，至七十三年四月十三日，共刊出我的短詩二十一首，長詩一首分兩天連載。

中副給我這麼多鼓勵，又無形中為我鋪路搭橋，開創文學前程。我在中副拜讀女詩人涂靜怡的「從苦難中成長」及「歷史的傷痕」兩首獲國家文藝獎長詩受其忠貞愛國精神所感動，寫了一首「涂靜的情懷」長詩，在中副發表，被「秋水詩刊」創辦人古丁先生發現，吩咐涂小姐向中副查詢我的通訊地址，於是與「秋水」結了讀者、作者的不解緣。再由秋水詩刊人脈的牽引，加入中華民國新詩學會、中國文藝協會等七個文藝團體為會員，參加各項文藝活動，使我的生命又注入一股清流活水，展現生趣盎然。

我很喜歡加各機關社團徵文活動，目的不是為得獎，而是要表達我對國事、世事的關懷與期盼，希望能獲得讀者共識，啓發良性互動的良性循環效益。我曾應徵財政部「全國節約儲蓄學藝競賽」、台灣省政府社會處舉辦「族群融合大家談」等單位十餘次徵文均獲入選，並經媒體傳播，有的人將入選作品結集出書，致贈入選作者。

我仍在廣泛閱讀，筆耕不懈。我的文學之路，隨著生命歲月延伸，也將隨之終止。有再高的理想，再大的抱負，再殷切的期企，又將奈何？！

卷二：心靈互動

敬向海峽兩岸政治領袖們建言

我們中華民族近百餘年來，被西方帝國主義及日本軍國主義者，期凌壓榨，以致國窮民困，又屠殺了我們幾千萬同胞。軍閥割據，國共內戰，自相殘殺，更助長了敵人侵略氣勢，使國家民族頻臨存絕續邊緣。所幸，國民黨播遷來台，創造了台灣奇蹟；中共改革開放，經濟起飛，社會安定。中華民族前途展現曙光，使西方觀察家發出「二十一世紀是中國人的世紀」的讚歎！

近觀美英聯軍佔伊拉克的霸權心態，是帝國主義復活。日本政治人物頻參拜靖國神社，又霸佔我們的釣魚台，日本軍國主義者，在蠢蠢欲動。中國人所承受的悲慘血淚史實，禍延子孫，海峽兩岸政治領袖和全球中華兒女，都應知所警惕！國土分治已成事實，是一觸即痛的歷史傷痕，相互咎責，不僅於事無補，反而會使傷痕加深。

主權、統一讓時間去療傷止痛吧！目前最重要的是：兩岸政府相互尊重，一個中國各自表述，各自勵精圖治，互助合作，互利互惠。不讓潛伏的敵人從中分化，製造可乘之機而得漁利。在國際事務涉及兩岸者，敬請慎思、明辨、篤行，使之相得益彰，則國家幸甚！全民幸甚！

中華民國台灣居住汪洋萍謹呈二〇〇三年七月二十日

註：這篇建言已於九十二年八月五日，以雙掛號郵呈兩岸十位政治領袖：李登輝、陳水扁、呂秀蓮、遊錫堃、王金平、江澤民、胡錦濤、溫家寶、吳邦國、曾慶紅。

老縣民上書縣長致敬

尤縣長鈞鑒：我是一個老年縣民，日前在報紙上看到新聞報導：鈞座為感念蔣故總統　經國先生，當年毅然歸還陽明山行館，作為台北縣訓練公務員之用，並默許民進黨組黨，已決定在陽明山公務員訓練班，設置先總統蔣公和經國先生攜手同行的銅像，並自認為做這樣的決定，未來可能會被民進黨員批判一個月以上。鈞座的政治良知和道德勇氣，令我敬佩。

我做了三十多年公務員，只處理一些事務性的工作，自認是奉公守法，盡心竭力，還是受到誤解與責難。鈞座掌理有兩百多萬縣民的台北縣政，政務千頭萬緒，面對高漲的民意及激烈的黨派之爭，要遵循上級的政策，又要滿足縣民的需求，化解紛爭，調和鼎鼐，備極辛勞，使縣政得以順利推展。掌聲之後，謗亦隨之，其中況味，實難以為外人道也。古今中外有抱負有理想的政治家，毀譽隨人，無怨無悔，只求造福百姓，心安理得。想必　鈞座因親身體會，而生對兩位蔣總統有感念之心。

先總統　蔣公，承擔著中華民族近世紀因積弱所帶來的苦難，為救亡圖存，一生犧牲奉獻，對國家民族的豐功偉業，備載史冊。故總統　經國先生，為國為民歷盡艱險，八二三金門砲戰，親臨前線，鼓舞民心士氣，保衛了台灣安全。興建東西橫貫公路，做開路先鋒。推行「十大建設」帶動經濟起飛，領導全國軍民創造了舉世稱頌的「台灣奇蹟」，其中辛酸，實非外人所能想像。兩位蔣總統勤政愛民，生活簡樸，父子相繼執政半世紀，身後未留遺產。是古今所未見，中外也少有。我相信　鈞座知之甚稔，感念亦深。

國際情勢仍然險惡，中共逼迫日急，國內紛爭不斷，我們國家的處境日趨艱困。除了我們中華民國一向主持國際正義，濟弱扶傾，國際間只講利害，沒有公理，世局仍受強權控制，唯能自立自強，才有生存發展的空間。美國、日本對台灣均有覬覦之心，不可深信依賴。內政是外交的後盾，團結奮鬥增強國力，國家才有美好的遠景，個人才有光明的前途。

令人深感憂慮者，我們的國家已進入多元化社會，政黨競爭激烈，各黨派雖有不少精英才俊政治家，亦不乏投機取巧的無恥政客。從立法院的議事風格，及黨派主導的無理街頭抗爭可見一斑。互助合作對凝聚國力，提昇國家競爭力，有相加相乘的效果；任何無理抗爭，都是消耗國力。我們中華民國有一段時間安定和諧的政治局面，才能創造出舉世稱讚的「台灣奇蹟」。近幾年來，國內政客為爭權奪利，製造是非，誤導民意，分化族群，社會出現一片亂象，治安惡化，犯罪率快速上升，是不祥之兆，值得國人警惕與反省。老朽來日無多，但為子孫憂，為國家民族前途憂。以上所言，鬱積胸臆。　鈞座的政治良知與道德勇氣，激發我向智者傾訴，抒暢胸懷。並盼民進黨內諸君子，對　鈞座為兩位蔣總統樹立攜手同行銅像，供國人瞻仰追思，切勿責難，而見賢思齊，凡事為全民福祉著想，以國家安全是務。

隨呈奉上拙著「生命履痕」敬請批閱賜教。並頌

政躬康泰

縣民汪洋萍謹呈

中華民國八十六年元月十五日

慰勉劉子敏先生函(一)

子敏先生：您寫給宋祕書長的信，我拜讀後非常感動。您忠貞愛國的情操，高尚的人格和慈愛的傳統美德，使我敬佩與景仰。所請救助事項，因您無退除役官兵身分，非本會輔導安置及照顧對象，本會覆函諒已收到。我幫不上忙，尚希見諒。

所幸里長為您申請低收入户，想必很快就會核准。茲奉上新台幣壹萬元，請收下，以維持你們父女目前生活。

敬祝

您身體健康、令嫒學業進步

汪洋萍敬上八十一年十二月十四日

慰勉劉子敏先生函(二)

子敏先生：您三月二日來函敬悉。每個人都有困難的時候，每個人都須人幫助，前寄區區之數，請勿掛懷，不必寄還。目前最要緊的是，您要時時刻刻注意身體健康，生活安定，使令嬡安心求學。她品學兼優，畢業後找到工作，處境就會改善。貧窮不是恥辱，頹廢、墮落才是恥辱。您不屈不撓，堅苦奮鬥的精神，令我敬佩。

關於申請「低收入户」不是任何人的恩賜，而是你們應享有的社會福利。請勿撤回申請，並繼續催促辦理，因對您目前的境況確有必要。

您寫給洪科長的信影印本，我拜讀過。您的情緒反應，是受生活所逼，承辦人員應可諒解。但不知問題出在那裡？使您的申請久未核准。我已去函洪科長，請其體諒並予協助。倘有消息，情形如何？請隨即告知。耑此奉覆，並敬祝

安康

汪洋萍再上八十二年三月七日

致函洪科長有所請託

洪科長勳鑒：

我很冒昧寫這封信，是想請您諒解劉子敏君過度的情緒反應，並請賜其申請低收入户案能獲核准，使其父女度過難關。

我現任職行政院國軍退除役官兵輔導委員會第二處第一科科長，與劉君素昧平生。其因生活困難，前投函向中央求助，層轉本會，但因劉君無退除役軍人身分，非本會輔導安置及救助對象，愛莫能助。而其情可憫，急需救助，我私人濟助他一萬元。

今接他來信，並附他寫給您的信影本。我已去信安慰他，勸他不要撤回「低收入户」申請。您我都是公務員，必須依法辦事。劉君申請案久未核准，必有原因。如合規定，您定會樂助其成。倘係因手續不合，證件不齊，或限於定額，尚須等待，請向其說明，以解其心結。冒昧之處，尚希寬宥。另寄採拙著「心影集」一冊，敬請指教。並頌

勳祺

弟汪洋萍敬上八十二年三月六日

註：洪科長任職台中市政府主管社會福利業務

復涂擁先生函

涂擁先生：

昨天收到你的來信，知你目前有些困難，今天託友人匯寄人民幣二千元，希望對你有點幫助。我們雖非深交，但我們都很坦誠，我有幾句諍言，提供你參考：

一、台灣的報刊雜誌，園地公開，投稿市場供過於求，靠寫作的專業作家很少。編者選稿約有三要件：㈠名作家；㈡好作品；㈢合口味。推荐、介紹作品少有所聞。你投寄的稿子，都退到涂靜怡小姐處，她因工作忙，又身體不適，未寫信告訴你。據我所知，有人向某大報副刊投稿數年，未採用一篇。茲寄中央、聯合、中時三大報副刊各一張，請閱其風格、內容，對你投稿或有所助益。

二、寫作只能當作業餘的興趣，不能賴以維生。據說，大陸有拿政府工資的作家，那又當別論。若非政府雇用的職業作家，切勿辭掉工作，靠稿費收入，是難以養家活口。所謂作家、詩人，台灣到處都有。我不敢以作家、詩人自居，只把寫作當遣興抒懷之樂事，一無所求；若有所求，就會苦惱。

三、處逆境要冷靜、沉著、堅毅、奮發，決不能頹廢、怠惰。文化館工作很適合你，希望你全心投入，力求表現，以謀發展。不滿現實是一般年輕人的通病，卻不知改變現實，開創未來。挫折也許對你有某些激勵作用，擊出你生命璀燦的火花。處理家庭問題，最好以愛心包容及忍耐來解決，委曲求全，尋求共識，相互體諒是上策。幸福美滿的家庭，人人夢寐以求，究竟有多少人能進入理想中的伊甸園？有人說：人生是一杯苦酒。其實何只一杯！何不坦然一杯杯飲下，也許苦後回甘，甚至甜美芬芳。

四、我們都以知識份子自居，對國家民族，對當今社會，對後代子孫，都有一份不能放棄的責任。這不是唱高調而自鳴清高，而是念茲在茲的心願。不然，人生有何意義？書不盡言。敬祝

全家安好

汪洋萍敬上一九九二年九月二日

註：涂擁先生任職四川省納溪縣文化館

復李明馨詩友函(一)

明馨詩友：

拜讀妳六月三十日來信，知妳已獲升調新職，又在散文創作方面豐收，我聞此喜訊，為妳高興，為妳祝福，相信這只是百尺竿頭的起步。

你們終於分手，是他愚昧，沒有福氣。我原來勸妳，是想使他醒悟，以贖罪之心善待妳，重建幸福家庭。既然他冥頑不靈，不如早分手的好。妳有個聰明可愛的兒子，有高尚的職業，又愛好文學，在除去壓在心頭的頑石、朽木，我相信妳會生活得更好，會有更大的發展空間，創造更大的成就！

妳還年輕，希望妳能選擇理想的對象，重組幸福家庭，共度亮麗的人生，我等著妳的好消息。

關於「秋水詩刊」，只寄贈當期作者，我看八〇八一兩期沒有妳的作品，所以沒寄給妳。茲隨信寄八〇八一「秋水」各一冊，請繼續為「秋水」寫詩。你在新生活的開始，會以新的思維，寫出更多更好的詩篇。

我從大陸旅遊歸來，很少出門，在家過悠閒生活，寫了十多萬字的遊記散文，準備出書，書出版即寄給妳，請指教。祝妳

心想事成，一帆風順

汪洋萍敬上一九九四年七月七日

復李明馨詩友函(二)

明馨詩友：

妳的來信及全家福合照均已收到。我捧讀妳那五張信紙洋洋灑灑的信，看著那張溫馨天倫樂的合照，真為你們高興。妳在信中細述夫妻恩愛，親子情深，家庭幸福美滿，工作得心應手，娓娓道來，呈現一幕幕美好情景，我與家人共賞，並轉達此間詩友，大家都很羨慕，也衷心為你們祝福。

妳在工作上優異的表現，獲得長官的信任與讚賞，在同事之間人緣好，在社會上人際關係好，丈夫疼愛妳，兒女們乖巧地環繞妳身邊，這些都是妳的智慧、愛心與努力所發揮的光和熱的能量所致。妳稱我老師而歸功於我，我實在愧不敢當。由此可見，妳為人謙卑自抑，勵求精進。我們的年齡雖有很大差距，但在晤談及交往中沒有「代溝」。妳閱拙著「生命履痕」，認同其中若干理念與觀點，令我欣慰。

我希望妳在公務及家庭之餘，握起妳詩的彩筆，將妳的成就，妳的幸福，抒發成詩篇，與讀者分享，為世風日下的病態社會，收潛移默化之功，以盡詩人的社會責任。這是我竭誠的期盼，並拭目以待。

為慶祝「秋水」一百期（創刊二十五週年），詩社同人大陸詩之旅，以進行文化交流，涂靜怡主編正在籌畫中，時程在明年暑假期間，俟日期及行程確定，會在秋水詩刊發布訊息，並邀約大陸地區詩友們，自由選擇定點參加慶祝活動，屆時會有很多詩友相聚歡敘交誼論詩，盛況可期。妳因各種原因，未能參加「秋水」創刊二十週年大陸詩之旅而感遺憾。這次可早做安排，倘能參與全程活動，我們同人都竭誠歡迎。盼常報佳音。並祝

閤府安康快樂

汪洋萍敬上一九九七年三月十八日

註：李明馨女士，解放軍上尉轉業，任職成都市。主管老人福利工作，聲譽卓著。

敬請毛連長開導義務役士兵黃顗華

毛連長世威勳鑒：

我是貴連義務役士兵黃顗華的隔壁鄰居。顗華的母親，上個禮拜天到連上探望他，回來對我說，顗華在連上出操、上課及勤務工作，每天超過十二小時，又常受班長、老兵學長的責罵及處罰，心理上有很大壓力，精神緊張，人也瘦了很多，她很心疼。我當時予以勸慰，並以我長期在軍中生活經驗向她解說。她又說，顗華一個多月沒有放假回家，沒有寫信回來，也沒有電話，當面問他原因，不肯回答，似有難言之隱，使她日夜牽掛，寢食難安。

黃顗華，我看他長，個性內向，沉默寡言，是個循規蹈矩的乖孩子，但點倔強脾氣，可能是他難以適應軍中生活環境的主要原因。請連長和連裡的長官們，多予開導，啓發其心智，使之變化氣質，成為活潑樂群的戰士，其家人必心存感激。我必將連長教化之功，據實上陳總部，並撰文公諸社會，使軍民同胞沾雨露之恩。

幾年前，一家大報連載孫立人將軍回憶錄，我看到他記述在美國維吉尼亞軍校讀書時，被高年級學長欺侮的情形，簡直是無情殘酷的虐待，怎會發生在一個尊重人權，提倡民主國家的高等軍事學府？真是不可思議。以前我們的部隊裡曾流行一句軍事術語：「有理管教是訓練，無理管教是磨練。」我想，那個時代已經過去。我們從各種傳播媒體可以得知，現代的「新新人類」自主性高，叛逆性強，勇於向權威挑戰，與倫理道德對抗，輕視法紀的規範，一旦入營要接受嚴格的軍事訓練，心理上自難適應。您面臨管教問題的挑戰，辛勞可想而知。義務役軍事教育的得失成敗，攸關國家民族的安危及全民福祉。軍中的基層管教幹部責任重大，我在此向連長和長官們表達敬意與祝福！隨函奉上「秋水詩刊」及「三月交響」詩選集各一冊，請批評指教。並頌

勳祺

汪洋萍敬上八十五年七月十六日

另附上致黃顥華信，敬請轉交，謝謝！

勸勉黃顓華適應軍中生活

顓華小弟：

我是你家隔壁的汪伯伯。前天（星期天）你母親到連上來看你，回來向我和汪媽媽說，你對軍中的管教及生活很難適應，身體也瘦了，她為你的健康擔心，為你精神抑鬱而心疼。我和汪媽媽聽了也很掛念你，所以寫這封信慰勉你，希望你堅強地面對現實，自我調適，以改善人際關係，愉快的完成義務役訓練。

我看你長大，是個孝順父母，尊敬長輩的好孩子，見面總是很親熱的叫我。你個性內向，不善交際，可能是你難以適應軍中團體生活的主要原因。汪哥哥與你個性相近，在中正理工學院畢業，抽籤分發到海軍陸戰隊當排長。他到職前，我一再開導他，鼓勵他：你個性內向，過慣了單純的學生生活，初到部隊，要負起基層幹部的管教責任，而對來自各地不同身分背景的青年，每個人的生活習慣及行為修養差異很大，在共同生活作息中，難免會發生摩擦，你要擔任溝通調和的角色。出操上課，一個口令一個動作，不能馬虎。操完下課，大家是好兄弟好朋友。多接近多關心他們，為他們解決困難，對愛說話強出頭及沉默寡言精神抑鬱的弟兄，要多加注意，伺機開導，使其自我調適，以防發生意外。他接受我的建議，自我惕勵，在擔任排長、副連長及新兵訓練隊長期間，都獲得弟兄們的合作和長官的賞識。在離別的紀念冊上留下深厚的友誼。

顯華，我建議你，自我調適內向的個性，多與共同生活作的人接近，多參加團體活動，建立良好的人際關係，成為一個活潑可親，樂觀進取的年輕人。如果有困難、有痛苦，坦誠地向長官報告。現在軍中是大愛的軍事教育，你的困難、痛苦，長官定會幫你解決。不過，你也要體認到：軍隊是一個戰鬥體，訓練須嚴格，記律要嚴明，不可能樣樣如你所願。入營服兵役，是你踏入社會的第一站，請耐心、虛心的學習，會有意想不到的收獲。常打電話給你母親，以免她牽掛煩憂。祝你

健康快樂

汪伯伯八十五年七月十六日

書勉吾兒效聖

效聖吾兒：

你電話告知，隊上有位弟兄，須至榮民總醫院檢診，請該院發一通知，以憑請事假。我請梁、潘兩位小姐幫忙，第二天我即去台東出差，昨天出差回來，潘小姐告訴我，因無病歷號碼，又不知年齡、籍貫，同姓名者多人，無法確定。接此信後，查問清楚，最好能告知主治醫師姓名，再與我聯絡。只要符合院方規定，我託人代辦，應無問題，請他放心。

你獲得長官信任，被選派擔任新兵訓練隊隊長，到職前我以聊天方式，對你做了幾次「勤前教育」，一個月來，你執行新任務有何心得，是否遭遇困難？我提示你預防問題發生及解決問題的方法，是否應用得上，效果如何？那只是做人做事的大原則，面對問題要靈活運用，隨時檢討得失，以求圓滿達成任務。

做一個帶兵官，對敵作戰「兵不厭詐」，以求勝利；而上對長官，下待部屬，要以真誠與愛心相處，促進互相信任，發揮團隊精神，建立榮辱與共的堅實情感，才能克盡厥職。你與隊上的弟兄們，年齡不相上下，出操、上課應保持職務的尊嚴，操畢、課餘，大家是好兄弟，不必太拘泥禮節，以免拉大彼此之間的距離。若能與弟兄們一起休閒同樂，把軍中的生活點綴得多彩多姿，弟兄們定會樂於接受軍事教育，退伍後也會留戀軍營，懷念長官，那就是軍事教育的成功。

新兵弟兄們是來自不同家庭及職業身分背景的「新新人類」，智能與性向各有差異，來到管教嚴格的新環境，過團體生活，在某些方面會適應不良，難免會發生些問題，你要公正處理，以愛心去關懷他們，協助他們解決困難。凡事要以身作則，樹立典範。如果弟兄們怕你疏遠你，那是你人的失敗；能獲得弟兄敬愛而樂於親近，才是你的成功。希望你勉力為之。家裡一切平安，不要掛念。祝你工作順利，心情愉快。

父字　八十二年十二月九日

書勉親侄志廣

志廣：

你元月十八日來信收到。你的書法和文字表達能力都有進步，我很高興。你對文學很有興趣，而且有很多幻想。希望你在國學文史方面多下點功夫，吸收其中精華作為踏上文學之路基礎；切勿沉迷於小說。你來信裡提到三毛和郁達夫，似有崇拜偶像的心態。三毛自幼得了自閉症，人格不是很健全，除了能寫些感情豐富的文藝作品，能迎合青少年的浪漫情懷，在心性修養和事業方面，沒有令人羨慕的成就，而中年喪志自戕以終。郁達夫放蕩形骸，只圖個人享受，不思學有所成，回饋國家社會。對家庭是個不孝子，無情無義的丈夫。他只會玩文字遊戲，欺騙讀者情感。他為日本人作翻譯而遭謀害，下場很悲慘。三毛和郁達夫的作品，我都讀過一些，我不欣賞，而警惕自己：不要被其迷惑。

我讀一本書，先了解作者的生平，再鑑其作品：是真情流露有啓發性的文學作品，還是玩文字遊戲的美麗謊言。文學的價值，是美化人生，充實生活內涵，啓發智慧與培養生命活力。那些煽惑性的文學作品，是糖衣毒藥，不但對讀者有傷害，也間接地傷害到社會大眾，引響國家民族的生存發展。古人說。開卷有益。於今，出版書刊商品化、低俗化，良莠不齊，想藉讀書進德修業，要「擇優而讀」，以免受害而不自知。

前幾天，我寄給你和志雲「心影集」詩集各一本，那是我近幾年來，在報刊雜誌發表的作品結集而成，都是我的真心話。收到後作為課外讀物。從序文中就知我對那些自命不凡，愛說風涼話、唱高調、作白日夢、苛責別人，而自己行為不檢的所謂「文學家」、「詩人」、「藝術家」沒有好感；我只崇拜那些苦學德業有成，為福國利民而艱苦奮鬥的人。

志廣，我勸你選一個近程目標：如果高中畢業決心繼續升學，就要靜下心來，勤讀應修的課程，爭取聯考金榜題名。若對讀書沒興趣，不如學一技之長，走入社會，在工作中體驗人生，體會到「書到用時方恨少」，再在工餘努力自修，一定會有所成就，所謂行行出狀元。在台灣大學畢業生淪為無業遊民，而中、小學畢業者在工商界及政治舞台上有輝煌成就大有人在。這是我在人生旅途中體察所得到的肺腑之言，提供你參考，以資

惕勵。祝你
身心健康，學業進步

大伯父　一九九二年二月二十日

註：汪志廣是我四弟之子，就讀安徽省蚌埠高級職業學校。志雲是志廣的親妹妹，任護士職務。

書勉堂侄志發

志發：

你元月三十日來信收到，知你參加全省會考期末考獲全校第三名，及在信中表達出你發奮圖強的雄心壯志，我非常高興。我日前寄給你獎金人民幣壹仟元，希望你繼續努力，有更好的表現，更多的收獲；但更要注意身體健康，不可用功過度。追求知識，進德修業，是終生的「馬拉松」長跑，不是百米衝刺，要有耐心與恒心。你能考上高中、大學，不用擔心學費，有困難告訴我，我想辦法為你解決。你父親只讀一年書，能寫信給我，我也很高興。你有一位很了不起的媽媽，在艱難困苦中，營造出一個生氣蓬勃的和樂家庭，令我敬佩。

另寄「心聲集」詩集和「生命履痕」文集各一冊，收到後作為課外讀物，對你會有些啓發。閱讀詩文集，應先讀序文；序文寫得好，就是導讀全書的指引。你來信說，你已讀過我的「心影集」詩集和「萬里江山故園情」遊記散文集，獲益不少，等有時間還要重讀。有些書值得一讀再讀，隨著年齡的增長，環境的變遷及為人處世經驗的累積，會有不同的體認。像「古文觀止」裡有些好文章，和孫中山先生的許多著作，我重讀過很多遍。十年二十年前與十年二十年後閱讀，就有不同的感受及新的發現。

我們村子裡，受高等教育的不多，我們汪家好像只有志廣一人。他的品行學識都不錯，在銀行做事也很認真負責，你們比鄰而居，有時間多與他接近，課業方面的問題，可請教也，但是你堂兄，也有義務指導你。

大伯早年失學，生逢亂世，到處漂泊，雖無成就，你讀過我的四本書，就知我曾經努力過，現仍在努力。本著誠誠實實做人，規規矩矩做事，無名利傲人，也問心無愧。我已年屆七十，希望能看到你大學畢業，學有所成，服務桑梓，對國家社會有所貢獻。請代我問候祖母和父母。祝你身心健康，學業進步

大伯父　一九九七年三月十日

註：志發是我堂弟承應之子，就讀岳西縣立中學初中三年級

函復承桂弟感謝關懷

承桂弟：

你二月十二日來信收到，知你全家平安，新年快樂，我真高興。也謝謝你們一家人對我們的關心與祝福。

一年多來，我雖很少給你們四兄弟寫信，但與志廣侄通過多次電話，得知我們親兄四家都生活得很好，並請志廣為我轉達問候之意。志廣在建設銀行岳西分行服務，我掛個電話非常方便，而書信往返總須月餘。你們比鄰而居，志廣與你們朝夕相見，因此，我很少寫信給你們。

前年，我和大嫂回家過中秋節，我們親兄弟姐妹、三位叔叔嬸母、堂兄弟、侄兒侄女、侄孫、外孫和表親們，都盛情接待，熱情迎送，中秋晚聚餐席開六桌。賞月晚會歌聲、笑聲、歡呼聲及殷殷惜別難分難捨之情，有如昨日。溫馨的親情常在我心，大嫂也念念不忘。她常和此間親友聊天提及，聽者無不稱羨。

你來信説：聽説有很多人寫信找你要錢，那有許多。你這樣關心我，怕我受到困擾，手足之情，如此可見。回憶一九八三年初，請旅居美國友人轉信，與你們取得聯絡，那時父親健在，從你寄來的全家合照，看到每個人的面容與衣著，就知是生活在飢寒交迫中。當時，我子女幼小，有的在上學，入不敷出，寅吃卯糧，我籌點錢寄回去孝敬父親，每次你們兄弟收到錢後，聯名回信説：大哥：父親由我們兄弟奉養，請放心。你一人流落在外（那時寫信寄錢都是託朋友在美國匯寄，我也不敢告訴你們，我在台灣）要自己保重，希望能早日回來全家團圓。你們又在信中説：母親臨終時還叫著我的乳名，父親時常掛念著我。自幼來到我家，未完婚的大嫂（曉蘭），久等我未歸，杳無音訊，生死不明，父母含悲忍痛，把她當女兒嫁出去了。過年過節，飯桌上都為我擺一付碗筷，給我留個空位子。我含淚讀那些信，保存至今，與在家鄉帶回的方汪氏宗譜一起珍藏（我們是方孝孺公後裔，因先祖獲罪於明成祖，要誅九族，乃改姓遠避他鄉，後來在我汪家祠堂、祖宗牌位和宗譜上都冠上方字，以示不忘本）。

現在，我們親兄弟和小妹春蘭每家都可溫飽，兒女也各自立業成家，若能堅拎勤儉家風，不染上好逸惡勞及奢靡惰性，將可過平安日子。目前我們親人中，堂弟承譜、承應、大姐之子胡發等和曉蘭四家生活最困難；但他們並沒有寫信向我要錢。我得知承譜生病住醫院，我寄給他人民幣壹千元。志發讀初中三年級，全省會考獲全校第三名，我寄給他壹千元獎金鼓勵。發等兩個兒上學期缺學費，我寄給二千元。曉蘭在我們家苦了十幾年，幫助父母撫養你們四兄弟和春蘭，她只小我一歲，已年近七十，一對老夫妻都有病，兒子自顧不暇，去年我先後寄給她六千元，以彌補我對她的虧欠，減輕我內心的歉疚。我這樣一五一十的說出來，是怕你們兄弟為我擔心。想必其他兄弟和親人也聽說過有很多人寫信找我要錢，請你將以上情形轉告他們，以免傳言產生誤會。

我是靠退休金生活，大嫂雖小病不斷，還在工廠上班，可增加點收入，我們每年申報所得稅，都未達納稅標準，算是中低收入户。三個兒女各自立業成家，生活安定。我倆老生活儉樸，量入為出，還能剩下幾個。我雖窮苦一輩子，卻把金錢看得很淡，總認為生不帶來，死不帶去，兒孫自有兒孫福。我沒有遺產留給他們，他們都靠自己。大嫂個性和我一樣，心胸開朗，我們生活得平安愉快，請勿掛念。並祝

全家安康

大哥　一九九七年七月十七日

新春文薈建議事項

中華文化復興總會，多年以來，在春節期間，總統以會長身分柬請文藝界人士，在圓山大飯店參加「新春文薈」歡聚聯盟，我很榮幸受邀參加。在請柬「回函」上有「建議事項」欄，每年我都謹呈建言，去年的建言：敬請執政當局，竭盡全力融合族群，團結奮鬥，自立自強，走中華民國的路。不抱美國大腿，不投日本懷抱。兩岸和平共存，互惠互利，以三民主義統一中國，向和平安樂的大同世界邁進！

今年的「新春文薈」請柬，沒有「中華文化復興運動總會」全銜。主辦單位：文化總會。協辦單位：國家台灣文學館。承辦單位：國立成功大學台灣文學系。二〇〇四年一月三十日在台南市舉行。請柬所表達的是，完全去中國化，去中華文化。又附CD一片，提供「飛魚樂園」、「嘸通嫌台灣」、「我等就來唱山歌」、「下淡水河寫著我等介族譜」、檳榔兄弟／失守獵人「迎賓舞曲」。我沒興趣參加，在回函「建議事項欄，提出以下建議：敬請中華文化復興運動總會研擬發揚中華文化，改善人文生態，提昇精神文明的大計方針，發起全民新生活運動，切實推行。

我們的期盼與祝福

雁翼先生是我秋水詩刊的大陸同仁，今年是他創作五十週年，重慶市文聯和四川省作協，將於十月份聯合舉辦作品研討會，本刊全體同仁與有榮焉。原擬組團前往參與盛會，表達我們祝賀的心聲，並分享大會的成果。幾經研商，各因公私事務的羈絆，無法成行，謹在此獻上我們的期盼與祝福。

雁翼先生在我們秋水同仁中，論年齡是長者，論詩齡是先進，論著作他那六十四部長短詩、散文，小說和戲劇，是位多產的全能詩人作家，無人能出其右。因時空的阻隔，他的作品我們拜讀並不多，但從近幾年來，他贈送給我們的「囚徒手記」、「人生悟語」及「雁翼超短型詩選」這些詩文集作品中，就知他是一位愛國者，是一位有使命感的詩人，是一位有道德勇氣的文藝工作者，是一位致力傳承及發揚中華文化的鬥士。

他只讀了十三個月的書，失學後懷著滿腔愛國熱忱參軍，在戰鬥中三次負傷成殘，調後方醫院工作，開始自修，練習寫作，是一位刻苦自學成功的詩人作家。文化大革命期間，他被列為「反革命文藝黑線的黑詩人」，入獄三年，備受苦刑折磨，憑著堅強的意志，死裡求生。文革風潮過去，獲得平反，他的愛國情操愈益堅貞，發揚中華文化的使命感更加熾熱。他以真情實感與道德良知從事創作，以救國救民為出發點，以福國利民為依歸，他的「商人悟語」詩集裡的第五首詩是這樣寫的：

全民經商固然荒唐
總比全民鬥爭
令人歡暢
回望共和國歷史
鬥荒了多少肥田
鬥死了多少善良

文藝作品有沒價值，在於它的啓發姓，能不能使人省思與惕勵。這首小詩，值得執政當局人人熟讀深思，朝夕自省。他作品中的箴言警語比比皆是，卻不見討好讀者的假話及流行的廢話。

這次重慶市文聯和四川省作協，聯合舉辦雁翼先生作品研討會，我們相信不僅是評論他的寫作技巧，讚揚他的創作成就，肯定他在文壇與詩壇的地位，也是要發揚他忠愛國家民族的精神，樹立他以文藝作品關照社會大眾的詩人作家典範，對消除時弊，收潛移默化之功。我們熱切的期盼與衷心的祝福這次研討會圓滿成功。

今年也是我們所敬愛的同仁雁翼先生七十大壽，我們引用四川的老前輩張群先生的名言：「人生七十才開始」，祝福他的文學創作及他經營的出版事業，在這個新的起點再出發，開創更遠大更美好的境界。我們翹首企盼，拭目以待！（原載「秋水詩刊」第九十五期）

李秀瓊與我的心靈互動

秀瓊：

接讀妳七月三日來信，知妳這學期除了專業程，又選修了法律，妳這樣勤學上進，我好高興。

從來信得知，妳的功課很忙，又擔任班委，要輔導班上同學課業及生活照顧，感到壓力很大，又受到不守規矩的同學埋怨，不聽妳勸導。班主任交給妳的任務無法達成，不知如何是好，而感焦慮。如果勉強的拖下去，不但對老師和同學都無幫助，而且也會影響妳身心健康及課業。不如辭去班委，專心做個模範生，自由自在地從旁協助老師，啓發同學，也許柔性的感化，比硬性的規定更有成效。你將這番話向班主任陳情，一定能獲得諒解。

做人誠懇、謙虛，以助人為樂，必能廣結善緣，心地自寬。我又出了一本新書《遊目騁懷》詩文集，隨信寄給妳留念，空閒時看一看，也許能得到一些啓示。今年五、六月間，我和幾位朋友去青島旅遊，參訪孔孟家鄉，登泰山，去濟南遊大明湖，飛南京謁中山陵，再去上海、杭州、西湖、千島湖、黃山，暢遊二十多天。沿途所見一片欣欣向榮，也發現一些趕時髦頹廢墮落現象。妳的那些不守規矩的同學，就是受了那些不良社會風氣的影響。秀瓊，妳在追求新思想、新知識的同時，也要遵守舊道德和校規。切記！切記！祝妳身體健康，學業進步

汪爺爺二〇〇二年七月十六日

李秀瓊就讀昆明理工大學。民國九十年七月間，秋水詩刊同仁，應昆明市文聯邀請，前往文化交流訪問，我隨行在旅遊途中，與秀瓊相識，交談甚歡。她個性活潑開朗，當她看到我的手錶上有我的名字，還有個青天白日中國國民黨黨徽，她好奇地問我，我說是中央黨部為勉勵優良幹部，為我訂製的。她說她爺爺也是老國民黨員，立即叫我一聲汪爺爺，並合影留念。

回台後，我們常書信往還。九十一年我收到她七月五日來信說，這學期奉派擔任班委，遇到很多難題，感到壓力很大，要我提供她一些意見，於是我寫這封信給她。她的來信寫得很長，有些簡體字不易辨識，不適合

刊出。

二〇〇三年一月六日來信說，她向班主任陳情，主任說她工作認真負責，要慰留她，給她勉勵。我也寫信給她鼓勵開導。三月十一日又來信說，在工作中隨時自省與調適，量力而行，盡力而為，已能適應。

二〇〇三年十二月一日來信說，這學期各科成績都有進步，大學畢業後想考碩士研究生，她將理想抱負向父母傾訴。父母說無力負擔高額學費，要她畢業後找工作，賺到學費再讀碩士。她感到委屈又困惑，要我為她出主意。我回信肯定她好學上進的理想抱負，也勸勉她體諒父母的困難，畢業後找份工作，在工作中學習，終身學習才跟得上時代，比修碩士更重要。不久就收到她的回信說，她會順著母親的意思，遵照我的指示全力以赴，並感謝我對她的關愛。

在海峽兩岸青少年學生中，類似李秀瓊面臨的困惑很多，須要家庭和學校多關心開導，以免困坐愁城或誤入歧途。從全球資訊傳播得知，青少年患憂鬱症者日漸增多，是嚴重的社會問題。執政當局應慎謀良策，在相互依存的互動中產生良性互動的良性循環，問題會迎刃而解；倘形成惡性互動的惡性循環，後果就不堪設想。

卷三：為歷史見證

中國人，你的名字是可恥？

中央日報副刊，於一月二十八、二十九、三十日連載溫良恭先生的「我看文學」這篇文章，我讀後百感交集。首先我覺得，我想說而未說出的話，溫先生都為我說出，像骨鯁在喉，頓感全身輕快；接著又陷入痛苦的回憶——回想起二、三十年代「左聯」作家們昧著良心，搬弄是非，歪曲事實，無中生有，挖空心思去誣衊領袖政府，欺騙全國同胞，為共產黨打天下，造成國家民族空前的浩劫，連他們自己後來也遭禍殃的情景；繼之，又為現在還有一些自命不凡的作家，不知是有心還是無意步上「左聯」作家的後塵，並抬出他們的偶像，加以歌頌，而感到迷惑——共產黨統治大陸三十多年，遍地血腥，和「左聯」作家被批鬥勞改的悲慘下場，是有目共睹的事實。那些自命不凡的作家，睜著眼睛跳火坑，甘做國家民族的罪人，全國同胞的公敵。最後，溫先生向文學界呼籲：「目前在文海導航的舵手們，包括出版社負責人，刊物的編輯先生，以及徵文的評審委員，負起時代的設計師責任」寄以厚望。

複雜的情緒，盤旋在我心中，揮之不去。第二天（一月三十一日）在某大報副刊，看到題名「做中國人」的文章。當我看到「做中國人」這個莊嚴的題目，就吸引了我，以為這篇文章裡，一定有金玉良言，教我如何做個堂堂正正的中國人，承先啓後，光宗耀祖，造福子孫。豈知作者先生，一開頭就數落我們列祖列宗的不是而加以羞辱：「做中國人，說難也難，說容易也容易。說容易嘛，中國五千年歷史，卻像一部人民苦難史（統治者如皇帝大小官員們不算在苦難的人民內），在天災人禍交相侵迫的年歲裡，包括易子而食的慘事，委實令人不敢，也不忍想像如何做人。要說難嘛，一無所有的人，不知怎麼，也能活一輩子。那麼多的人，竟在苦難中活了五千年。」他真是一位傑出的史學家，太史公是難望其項背。他就這麼簡單的寫了一部「中國通史」。遺憾的是：他只寫出亂世荒年的景象及暴君、亂臣賊子的劣績罪行；我們三代聖者的治績，文、武、周公的仁政，漢、唐盛世和歷代聖君賢相，忠臣義士，為民造福的光輝史實，都一筆勾銷，一概抹殺。像他這樣揭惡隱善，那是一個論斷歷史的人應有的心態呢？

接著，作者拉胡適和徐訏兩位先生墊腳，抬出魯迅來頌揚一番。又把魯迅於四十四年前，在北平買鞋子，和他四十四年後，在台北買衣服兩件事扯在一起，來說明四十四年前的北平，和四十四年後的台北「情形幾乎完全相同」。又說：「柏楊先生最偉大的創作之一，就是他發明一個新名詞，叫做『醬缸』，也就是魯迅先生所寫的阿Q。」「醬缸」和「阿Q」，就是溫良恭先生文中所兌，「左聯」作家當時奉行寫作的戰略——把我國故有文化和倫理道德形容成「吃人的禮教」，而加以攻擊詆毀，破壞社會秩序，而自鳴清高，鼓勵作家和群眾，與執政者「永遠分離」，稱文學在基本上是反叛性。溫先生說：「左聯的頭頭魯迅，在其《文學和政治分歧路線》一文中，曾對此一論調作了明確的詮釋。其目的是鼓勵文人摒棄自己的國家，反對自己的政府，對自己的社會不負責任與義務。」魯迅幫中共打思想戰建立赤色王朝的功勞，堪與耍政治把戲的周恩來，和以「人海戰術」對國軍作戰攻城掠地林彪比擬，至今仍是中共奉為文化統戰的偶像。這樣一個摧殘中華文化的打手，竟在我們復興基地一家大報副刊上受到讚揚，我們對中共文化統戰的驚覺性，確實到了值得憂慮的地步。當年的「左聯」作家們，一方面鼓動文人和群眾與政府分離、對立；一方面去拉攏他們站在共產黨一邊，做他們統戰的吹鼓手和應聲蟲。他們那種花樣百出的欺騙手段，使一些純潔而忠愛國家民族的青少年們，愛他們甜言密語迷惑，落人圈套而不自知，掉落共產黨預設的陷井。我們怎能不嚴防他們在我們復興基地重施故技！

「做中國人」的作者，把我們祖宗和我們現在的中國人，說得一無是處，似乎我們的民族性，就是他深惡痛絕的「傳統的劣根性」，我們除了學美國、學日本，低著頭跟魯迅的幽魂亦步亦趨，就沒有第二條路可走。他認為中國的落後不進步，是因為「傳統的劣根性」無法革除。共產黨統治中國大陸三十多年，從「三反」、「五反」到「文化大革命」、「除四舊」、「批孔揚秦」，可說是把「傳統的劣根性」革除得乾乾淨淨，把「醬缸」打得粉碎，共產主義的新中國，應該是超過美、日的強國，大陸同胞個個都從「醬缸」裡跳出來，應該是雄赳赳、氣昂昂的頭等國民。為什麼中共統治下的大陸，還是一窮二白，大陸同胞冒死逃往香港作難民呢？而中華民國在台灣保持了「傳統的劣根性」，卻被洋人讚譽在政治上和經濟上創造了奇蹟。正如作者所說：「這是一個根據事實的問題，不是花言巧語或堂皇的雄辯所能避而不談的。」但是，作者教我們「做中國人」，只咒詛「傳統的劣根性」，而對為害中國最慘烈的共產主義邪說，和殘民以逞的中共政權，和中華民國在台灣的成就，都避而不談，卻責難中華民國沒有美國和日本的進步、民主和自由。

作者自己說：「我在國外住了四十四年，安分就業，種菜自娛，與世少爭」，四十四前，正是對日抗戰初期，全國同胞在為挽救國家民族危亡而犧牲奮鬥之際，這位聰明絕頂，又有辦法的作者先生，卻躲在國外「種菜自娛」，過著悠閒愜意的寓公生活，個個都像他那樣「做中國人」，中國早就亡國滅種了，那有他到四十四年後大作「做中國人」文章的機會。「國者人之積」，國民不肯為國家奉獻犧牲，國家怎會進步強盛呢？中國所以落得今天這個地步，就是因為過去有太多不肖子孫，只知貪圖自己個人生活享受，而自鳴清高；甚至甘做洋奴為害自己的國家——像中國共產黨那樣，抱著馬克斯的死人骨頭不放。

我是半自耕農半佃農的家庭走出來，十六歲就曾做軍伕，為國軍挖戰壕，送子彈，為抗日戰爭流過汗。二十歲以後，拿起槍桿子，為剿共戡亂流過血。隨軍來台後，因病傷退除役，做個小公務員，拿起筆桿子，與中共在文藝戰場上作戰。當那位作者先生，在國外種菜自娛，與世少爭的日子裡，我追隨全國同胞之後，時刻在誓死抵抗帝國主義者和共產主義者侵略，為國家也是為自己爭生存、爭自由。我一直在與國人共患難、共存亡。我深愛我的國家，和列祖列宗遺留給我們光輝燦爛的中華文化，我以做中國人為榮！

溫先生文中：「文學是本乎人性，順乎自然的自由創作。」「文學是相當重要的，與理學、工學、法學、農學、商學、醫學等等處於同等的地位，都是為全人類謀福祉，以服務為目的。」這就是文學的可貴處，也是文人的職責所在。基於這種職責，文人應發揮其銳敏的觀察力，豐富的想像力和文學的表達能力，去鼓舞群眾向善，樂觀進取，共同創造一個和諧安樂的大同社會。但左派文人，反其道而行，他們大肆渲染社會黑暗面，以挑逗社會大眾貪婪、荒淫、頹廢、悲觀的意念，製造社會不安，使之惡性循環，直到社會倫理道德瓦解，政府傾覆為止，這是今日人類社會所呈現的真正危機。這種危機隨共產主義勢力擴張而加深。三十年代我們中國首當其衝，今日仍是其攻取的主要目標。

溫先生說：「文學為時代的先驅，出版社的負責人、刊物的編輯先生，以及徵文的評審委員，是文海的舵手。」我虔誠的祈求文海的舵手，把人類送到三民主義和平安樂的彼岸，千萬不能把我們載到共產主義無邊的苦海。

（原載71・8龍旗雜誌14期）

補註：寫通史的人，是大名鼎鼎的孫觀漢先生。94・8・13

有用的詩，有用的詩人

自立晚報，於去（七十三）年底七月九日及十日兩天，連載林雙不先生的一篇長文，評介詩人吳晟及其作品「愚直書簡」，題目是：「有用的詩，有用的詩人」，又加一副題——談吳晟詩作「愚直書簡」的一些感觸。醒目的大字標題，一看便知是編輯先生最欣賞的好文章。我迫不及待的以虔誠的心來讀這篇文章。

但是，我的心隨著我的視線移動，一直往下沉，像一個尋幽攬勝的人，被引導至一個瀰漫著愁雲慘霧，狹隘而鬼影幢幢的死角地帶，我感到陣陣寒慄，胸口陣陣刺痛。時隔數月，那些「有用的詩」，那個「有用的詩人」和評文的作者，所形成的一個陰影，在我心頭仍然揮之不去。我想，如果把我的感受，和鬱積在心中想說的話說出來，也許會減輕我心理上的負荷。同時我又覺得，說出我的感受，對作者來說，是一個忠實讀者的責任。所以，我才鼓起勇氣，寫這篇短文。

「有用的詩，有用的詩人」這篇文章，是向讀者介紹吳晟這位詩人，和詮釋他的詩作「愚直書簡」中的九首詩。作者首先說明他對新詩有惡感、有成見、不忍卒睹，敬鬼神而遠之。「等到吳晟詩作的一大堆剪貼寄來，我便壓抑住對新詩既有的成見，細心加以閱讀，讀完，我的詩眼開了；我看到真正的詩了，我知道我往昔看的，根本不是詩；我看到真正的詩人了，我知道往昔看的，根本不是詩人，原來台灣島上也有詩，也有詩人……」作者為證實他所言不虛，及增加這篇文章的份量，他引述瘂弦和苦苓的意見：「詩人瘂弦曾說吳晟是台灣的良心，苦苓也曾說吳晟感動人的不只是詩，而是整個人格，印證於『愚直書簡』這組詩作，我以為，兩種說法都是恰確，中肯。」

作者對吳晟的「良心」與「人格」做了這樣的描述：「『愚直書簡』九首詩所表達的，固然是吳晟的良心與人格，同時也是整個台灣精神發展的心路歷程，簡單的說，就是一種由『自憐』而『痛心』而『抗議』而『怒吼』終至『自尊』的情感轉換，一種台灣人成熟過程的寫照。三四百年來，台灣人普遍都缺乏自作主人的恢宏氣度，普遍都有小媳婦或童養媳不正常心態，對人對事不敢爭，只能在受盡委屈之餘，自憐一番，自怨自艾一番。」以上這些說詞，我覺得過於武斷、誇大，遠離事實；如果說「小媳婦或童養媳不正常心態」，是吳晟與林雙不的心態，到也十分恰當。

林雙不武斷的否定了中華民國現代所有詩人與詩作，獨尊吳晟是唯一的詩人，「愚直書簡」是唯一的詩作，這種說法是令人無法接受。去年十月國立中央圖書館舉辦新詩大展，詩刊、詩集、詩選集琳瑯滿目，不是林雙不先生所能否定得了的。

他說「台灣人普遍都缺乏自做主人的恢宏氣度，普遍都有「小媳婦或童養息不正常心態」是對台灣人莫大的侮辱。我閱讀過中國近代史，讀過丘秀芷選述台灣先賢抗日與復國事蹟的文章；讀過涂靜怡讚頌台灣同胞「從苦難中成長」愛國救國犧牲奮鬥的精神；我更親眼看到台灣同胞三十多年來，站在國家主人翁的地位，昂首闊步，奉獻心力，樂觀進取，創造了一個安和樂利的社會，創造了全世界人眼中的「台灣奇蹟」，這些事實，也不是林雙不先生所能否定得了的。

他們自己才是真正缺乏做國家主人的恢宏氣度，也沒有詩人和文人應具備的遠大眼光和豁達胸懷。也許他們是「懷才不遇，大志難伸」才有那種自憐、自怨自艾的幻想與妄想。我從林文中發現，他們兩人似乎患了某種程度的「自閉症」，而同病相憐。林說吳晟：「他沒有文學上的朋友，只有生活上的朋友，即使寫字工作的人和他交往，他也不讓友誼停留在所謂的純文學階段，而必須使友情深入生活，可以彼此關心，可以彼此商量生活中的任何細節。」又自我剖白說：「最重要的是親切，吳晟親切地寫著親切的台灣，寫著親切的農村，寫著親切的鄉民，用親切的文字。這圈圈層層的親切感，使我衝破自己向來保守的人際態度，產生認識他。……此後，由於多方面的類似，這五、六年來，他變成生活中密切的兄長。」由此可見，他們的胸心是多麼狹窄；思想領域只有自己頭頂上的一片天，自己腳立的一塊地；是多麼不易交往相處，不易溝通觀念的人。

就「台灣人」一詞來說，在日據時代，日本人用來稱呼台灣同胞，以示與「大日本皇民」有別；台灣同胞也樂意自稱台灣人，表示他是中國人，不是日本人。現在，我們自稱或他人稱呼「台灣人」，像說「山東人」、「江蘇人」、「四川人」一樣，是個用以區別省籍，都是中國人。這不僅是我們中國人如此稱呼，外國人也一樣，像美國人為說明自己生長的地方，也自稱「德州人」、「加州人」、「紐約人」，他們都是美國人。這樣稱呼沒有什麼不好，也沒有什麼不對。吳晟的詩和林雙不的文裡，只有鄉土觀念，沒有國家觀念，而且極力排斥國家觀念。我引述林文的一段話證明：「期勉有心的鄉親『做一個對家鄉有用的人』，這種心胸形成之後，小媳婦或童養媳像火中再生的鳳凰，終於成為頂天立地的大丈夫了，台灣人的精神建立完成了，吳晟的人格同時圓滿了，此後，自我要求和要求同胞的明確目標建立起來了：『做一個對家鄉有用的人』，一個有尊嚴、肯負責、明是非、重信義的真正的人，做自己的主人。」這種思想是什麼思想？聰明的讀者一定明白，而為「台灣人」抱屈，鳴不平。

「愚直書簡」詩集我沒見過，但從林文評介詩中文中摘錄的「精華」部分可以看出，它有幾個主題：

第一，是強調地域觀念：把住在台灣的人，以二分法，分為「台灣人」與「外省人」。再強調台灣是台灣人的台灣，是台灣人的鄉土；外省人是過客。這是一種挑撥、分化，製造對立的說法。其實，所謂「台灣人」，除了少數山地同胞外，說閩南語和客家話的，都是福建和廣東遷居而來，與光復後遷來台灣的各省籍人，只有先來後到之別。我們都知道中華民族發源於黃河流域，經過歷代變遷而南移。現在我們住在台灣的中國人，都是炎黃子孫，在中華文化的薰陶下，祭祀同一祖先，供奉相同神明。吳晟和林雙不為什麼要自外於國家民族呢？三十多年來，政府用人惟才，不分省籍；考式、升學、就業都無省籍之分，已淡化到無分彼此。尤其是各省聯姻，在台灣出生的新生代，他們除了户籍載有本籍，幾乎已沒有省籍的地域觀念。除了「台獨」分子，我們擁護政府的國民，還有強調地域觀念的必要嗎？

第二，他痛心台灣人，倣效外省人向外移民，帶走了大把資金，「好像把管子插入母體抽血」，把母體抽瘦了，其實台灣並沒有瘦。移民或向外投資，在國際間是正常現象。我們國家的資金很充裕，銀行有過多的存款貸不出去。政府正在擔心外匯存底快速增加所帶來的貨幣壓力，以優厚的條件鼓勵廠商出國投資設廠。吳晟痛心是杞人憂天，自找苦吃。

第三，他抗議開發台灣的森林；抗議工業化所生產的環境污染；抗議社會繁榮所帶來的「到處林立的豪華大飯店，豪華理髮廳，豪華化妝公司。」原始森林難道要讓它枯朽腐爛？他知道砍伐了多少面積，又造林了多少面積？如何去變更林相，為後代子孫培植更多更高貴的木材？快速的工業發展污染了生活環境，是世界性的問題，不僅是台灣。政府時時在力謀改善，不能因噎廢食。倘若我們的國家仍停留在手工業社會，還能生存於今日的國際文明社會嗎？經濟繁榮，國民所得快速上升，國民生活水準提高是必然現象，難道也是政府的罪過？吳先生應該看一看「華視」的「放眼看天下」節目，看看外面的世界。全世界各大都市無不是高樓大廈林立，霓紅燈耀眼奪目。台灣如果沒有那些豪大飯店，去年怎會有一百五十萬觀光客來我國觀光。觀光事業正是各國爭相發展的「無煙囪工業」。

台灣是個缺乏資源的海島，我們的經濟成長全靠工業生產及出口貿易，必須我們全國同胞一齊動腦動手，使我們的工業升級，出入貿易在國際市場立於不敗之地，才能確保我們的生存發展，才能從事文化建設，提高我們的生活品質。自憐、痛心、抗議、怒吼只會損傷元氣，破壞和諧團結，阻礙進步發展，而增加我們的生存危機。

第四，他抗議言論不自由。他們那些具有挑撥、煽動與破壞性的詩文，能在大學講台上公開朗誦，在報刊上公開發表，不就證明言論是很自由的嗎！

我對吳、林兩位先生，因患「自閉症」而產生小媳婦及童養媳不正常心態，深表惋惜與同情，更期盼與祝福他們，在我們這個處處有溫情的社會裡，在政府長期妥善照顧下，能早日恢復健康。放眼天下，敞開胸懷，發揮潛能，為我們廣大讀者多寫些真正有用的詩與文，而成為我們國家民族真正有用的詩人！

（原載秋詩刊45期74年1月30日）

詩與民族性

中國文藝協會，接受行政院文化建設委員會委託，舉辦「文學巡迴講座」，一共要舉辦六場，台北市四場，高雄市兩場。第一場是邀請黃永武教授，於四月十四日（星期天）下午三至五時，在文協文藝廳發表專題演講，講題是「詩與民族性」。我接獲文協通知，就決定暫停一次登山活動，要去聽講。那天因公車脫班，我遲到十幾分鐘，除了對黃教授感到抱歉外，更為少聽了十幾分鐘演講遺憾。

那是一次成功的演講，聽眾都靜靜的傾聽，我對黃教授的演講留下極深刻印象。黃教授認為詩與民族性是密不可分的。中國詩人的詩含有中國的民族性；西方詩人的詩也含有西方的民族性。以西方詩人的觀點，來欣賞中國詩人的詩，往往體會不到作者最深的心靈意境。以一個西方人的觀點來評論中國人的詩，又怎能切中肯綮呢？

黃教授舉出一些例證，他說，西方民族性比較剛強，所以歌頌太陽的詩篇很多，西洋詩裡很少歌頌月亮的。中國民族性比較柔弱，所以讚美月亮的詩篇很多，而以太陽為素材的詩作很少。又如，中國詩人歌頌母親的詩與歌頌父親的詩比例，大約是九與一之比，這就是我們民族性柔弱的關係。

他說，西方人崇拜英雄，因為英雄能將他的聰明才智完全發揮出來，是止乎情，西方人崇拜拿破崙，可比擬我們中國的項羽，而項羽在我們中國人的眼裡，只算得四、五流人物。我們國人崇拜聖人，因為聖人在情之上更有一層「理」，發乎情止乎理，就是聖人，是中國人最崇拜的偉大人物。

在中國歷史上最受人崇拜的三位人物是孔子、范蠡和諸葛亮。孔子有志造福於天下國家與人民，當他知其道難行，就有「乘桴浮於海」的引退之念，而終於從事文化紮根的工作，集中華文化之大成，二千多年以來，對中國民族性影響很大。范蠡當國家敗亡時，他獻出了一切，為復國雪恥而奮鬥，把國家復興起來，他就功成身退，不貪戀權位，帶著他心愛的西施去過隱士生活。諸葛亮是一位隱士，「苟全性命於亂世，不求聞達於諸侯」，當劉備三顧茅廬，誠懇相求，為著國家，他挺身而出，知其不可而為之，以至「鞠躬盡瘁，死而後已」。中國詩人多多少少都有這種氣質，而表達於他們的作品中。

他的另一發現是，在中國的傳統詩中，情詩很少，而舒懷、寫景、感嘆時事的詩很多。西洋詩中，情詩佔了極大的比例。這是因為西方人先戀愛再結婚，我國古代社會的男女，是先結婚再戀愛，婚後的戀情，又受到大家庭倫理觀念及社會習俗的束縛，很少寫成情詩，即使有寫情詩也不便公開，不編入詩集流傳。那些很少的情詩，有些悼亡或懷念的詩，有的是寄情藝妓與情人的詩，從這一畸形發展看，我們的民族性也不都是很好的。

再者，中西民族性不同的是，西方人與自然萬物是對立的，他們口口聲聲要征服自然，要征服萬物，而我們中國人自古即講求與自然萬物和諧相處，所謂「民吾同胞，物吾與也。」例如：中國人對玉及對松、竹、梅、蘭、菊，都非常喜愛與尊敬，稱松竹梅為歲寒三友，稱梅蘭竹菊為四君子，並用以象徵人高尚完美的品貌與人格，而表現於詩篇，這是西洋詩裡所沒有的。西方國家選最艷麗的花為國花，而中國選花朵很小，在百花凋零的時節，於冰雪嚴寒中盛開的梅花為國花，有它的歷史淵源，西方人是難以理解的。

再從另一個角度去探索，我們的民族性深受地理環境的影響。我國東臨於海，海洋多變化，以龍為象徵。南方地處亞熱帶，人民比較熱情，以鳳凰為象徵。西邊是廣漠的高原，自古邊患無窮，征戰特多，以麒麟為象徵，因麒麟是一種有至高德性的動物，取以德止戰，不妄動干戈之義。北方寒冷，萬物易受冰雪摧殘，人民以保命長壽，就以龜能長壽為象徵。所以龍、鳳凰、麒麟與龜長入詩，並象徵吉祥，這是西洋詩裡所見不到的。又西方人以貓為題材的詩不少，而在中國傳統詩裡，從未見過一個「貓」字，因為中國人認為貓是不祥之物。

談到詩的欣賞，黃教授認為，不僅要了解每個字的含意，並且要了解作者當時的處境，心理狀態與社會背景。他說，他讀到居易「琵琶行」裡的「同是天涯淪落人，相逢何必曾相識」詩句，對「天涯」一詞感到疑惑，以地理位置說，當時的九江，是水陸交通的要道，說得上是中心地帶，並非邊陲塞外，怎能說是天涯呢？以白居易的身分地位來說，他是一名政府官員，又怎能與一位遭遇不幸的女子相提並論，而自視為「天涯淪落人」呢？他為了解「天涯」一詞的含意，他翻閱了五萬首詩，找出一千多首詩中有「天涯」一句，他經過比對研究發現「天涯」是指皇帝所居京城以外的地方，離開了京城就是「天涯」。黃教授慨嘆地說，中國歷代知識分子都不願遠離京城，遠走天涯去求發展，所以我國的西北，歷數千年尚未開發。美國的西部不到兩百年就開發繁榮起來。

黃教授對詩學研究的精神令人敬佩。他認為考據有助於詩的欣賞。他說中國人欣賞一首詩，就在詩句邊圈圈點點，搖頭晃腦地吟哦，只說好、好，不必說好在那裡。西方人欣賞詩，注重解析。如果將一首詩詳細的解析，一定要說它好在那裡，反而破壞了它的情趣與完美。

黃教授的演講，沒有講稿，隨口而出，順理成章，精彩極了。我未準備筆記，以上所寫只是事後就記憶所及的點點滴滴，恐未能盡摘其精華，備記其要點，倘有與黃教授所講有出入之處，那是我的錯誤。請黃教授和聽講的先進們予以指正。

聽君一堂課，勝讀十年詩。從「詩與民族性」看來，我們的現代詩壇上，為詩的「縱的繼承」、「橫的移植」或「全盤西化」爭吵幾十年，是多餘的。詩離不開民族性，失去民族性的詩，就不是這個民族的詩了。

由於科學發達，交通便捷，各個國家民族間的商業及文化交流日趨頻繁，各民族性也在相互影響，似乎有走向天下一家的趨勢。但另一方面，各國家民族都在大力地維護他們的民族傳統文化，深怕被時代的巨流所淹沒，這是有目共睹的事實。詩是一個民族的精緻文化，詩人是民族文化的傳人。正如黃教授所說，我們的民族性並不都是好的。揚棄那些不好的部分，吸收些好的外來營養也是必要的。但自卑與媚外都不是詩人應有的心態。詩運與國運息息相關，詩人們，為復興我們國家民族盡一分心力吧！

（原載秋水詩刊46期）

「抗戰紀念公園」我的回響

青年日報副刊，於七月十二日，刊出女作家涂靜怡的一篇文章，題目是：建座「抗戰紀念公園」，我讀後深感快慰。因為涂小姐在那篇文章裡所說的話，正是我想說而未說出的心思。我想，凡是熱愛我們國家民族的人，讀了那篇文章，都會在內心引起共鳴。

戰爭，原是人類在文明進化過程中，所發生的一種錯誤的利害衝突，當戰爭結束，交戰雙方應該痛定思痛，檢討錯誤，忘掉戰爭的仇恨，尋求共存互利的途徑與方法，為子孫後代，創造一個安和樂利的人類社會。但是，從人類的近代史看，一場戰爭的結束，就是侵略者從事另一場戰出的開始。像是第一次世界大戰罪魁的德國戰敗後，又是第二次世界大戰歐洲戰場的禍首。蘇俄在第二次世界大戰尚未結束，就積極準備展開另一場赤化世界的侵略戰爭，把人類逼到第三次世界大戰邊緣。日本從戰敗無條件投降的廢墟上快速的復興起來，其經濟侵略的爪牙，已無遠弗屆，無與匹敵，又在國際有利的情勢下重整軍備，其軍國主義思想，已在死灰復燃。我們愛好和平的中國人民，怎能忘記日本人加諸我們的屈辱與痛苦？怎能不牢記侵略者給予我們的血淚教訓，而發奮圖強，以防止歷史悲劇的重演！

近幾年來，日本政府偷偷地修改他們的歷史教科書，企圖曲解中日戰爭發生的原因與經過，以湮滅其侵略中國的種種殘暴罪行，為他們的軍國主義復活舖路。日本對外的侵略戰，已在孕育成長，我們從它無所不用其極的經濟侵略手段，可看出端倪。同時，中共政權也已竄改了八年抗戰的史實，以領導抗戰的勝利者自居。日本和中共以種種方法，歪曲八年抗戰的真象，想積非成是，以亂世人耳目，掩飾他們的罪行。因此，我們建座「抗戰紀念公園」，在園中建立「抗戰資料陳列館」，搜集對日八年抗戰文獻資料及圖片，展示於國人與世人的眼前，以資惕厲，並垂後世，以告慰為抗戰死難的軍民同胞在天之靈，已是刻不容緩的事。

涂小姐提醒我們，這件該做而未做的事，我們不能只說說而已，要立即行動起來，早日完成我們共同的願望。我不揣鄙陋，提出下列幾點建議，以供芻蕘之採，而盡獻暴之誠。

一、請青年日報以「建座抗戰紀念公園」為題，舉辦一次徵文，將得獎作品在副刊發表，以喚起社會大眾的響應及參考。

二、請台北市政府、文建會、文工會、黨史會、國防部以及熱心公益之工商界領袖，舉行座談會，徵求各方面意見，以收集思廣益，眾擎易舉之效。

三、請台北市政府，選擇一塊面積最大，地點最適當的公園預定地，為「抗戰紀念公園」的園址。建設一座象徵台北市精神的公園，在園內闢建各項活動場所，以供市民作學術、社交及文藝活動，使其成為揚名國際的觀光景點。

四、成立「抗戰紀念公園興建委員會」，請上述各單位首長或負責人擔任委員，各盡所能提供土地、經費、人員及文獻資料，以促其早日完成。

誠如涂小姐所說：「這是我們早就該做而未做的事，做了才會安心，才對得起那些為抗日而死難的同胞。」也給日本人一個警告：中國不再是好欺侮的。建座「抗戰紀念公園」是我們共同的責任，舉全國之力而為之，是輕而易舉，但有賴各領導階層協力推動，才能克竣全功，願我同胞共襄盛舉，樂觀其成！

（原載74年7月30日青年日報副刊）

抗日救國話當年

我的家鄉是安徽省岳西縣，在大別山區，境內崇山峻嶺，對外交通運輸，都是步行肩挑。這對軍事作戰而言，易守難攻，就成為對日抗戰的一個重要軍事據點，也是對日軍展開游擊戰的基地。日軍曾多次陸、空聯合進攻，均遭我軍擊退，損失慘重。後來，日軍佔領了四鄰各縣，採取縮小包圍圈，進行嚴密封鎖，想阻斷一切外援物資進入，要困死我們，亦未得逞。那時防衛部隊是國軍第四十八軍軍部及所屬一三八師和一七六師，我們縣裡也有國民兵團，各鄉有自衛隊。軍民團結合作，保國衛家，我們家鄉，才未受到日軍鐵蹄踐踏與獸性蹂躪。

我們岳西縣，是個只有二十萬人口的貧窮小縣，平時人民生活就很清苦，抗戰時期又要供養保衛我們家鄉的國軍，軍民生活的艱苦，就可想而知了。當時，軍民同仇敵愾，民心士氣昂揚，發揮精神力量，以克服物資之不足，大家仍然生活得朝氣蓬勃，到處洋溢著抗日救國的歌聲，及高喊打倒日本鬼子，有敵無我，有我無敵的怒吼！我就是在這樣救亡圖存，戰勝強敵的大時代中成長。

抗日戰爭爆發那年我九歲，讀小學二年級。我最先感受到戰爭的恐怖是躲警報，開始是日本飛機大編隊，從我們的上空掠過。不久，敵機就低空盤旋偵察，有時用機槍向下掃射，並多次轟炸我們的縣城，距我們學校只有三、四里路。陸地戰火最接近我們的時候，敵機輪番偵察、轟炸，一天放幾次警報，我們就在校外樹蔭下上課。

我讀五、六年級在學校住宿，住宿生共有六十多人，我被選為寢室室長。童軍教官在無預警的情況下，時常三更半夜吹哨子緊急集合，不准點燈（那時沒有電燈，都是點清油燈），以訓練我們夜間避難求生的能力。同時，我又是學校童子軍團第四中隊隊長。四個中隊長輪流值星，披著大紅值星帶，每週星期一週會，每天升降國旗典禮，集合隊伍，擔任司儀。三年級以上學生，都編入童子軍團，接受童子軍訓練，並在童軍課程中，加入軍訓基本教練，及情報蒐集、傳遞的方法與技巧，以備協助軍隊作戰。每逢國慶等重要紀念及國恥紀念日，我們全校師生，都列隊前往縣體育場參加慶典及紀念大會。也是由值星中隊長帶隊，沿途高呼口號，唱

「大刀進行曲」、「軍民合作歌」等抗日救國歌曲，氣勢雄壯，像一支小小的抗日隊伍。大刀進行曲開頭第一句：大刀向鬼子們的頭上砍去！我們村子裡已組成了大刀隊。軍民合作歌：嗨嗬嗨，我們軍民要合作，你在前面打，我在後面幫，挖戰壕，送子彈，抬傷兵，做茶飯，我們有的是血和溉大家同心合力幹……。這些歌聲，表達了全體軍民的誓願與決心。

四十八軍政治部，常派軍官參加我們學校的週會，對我們精神講話及時事報告，像南京大屠殺、台兒莊大捷，我們很快就知道了（那時我們沒有報紙，也沒有收音機）。我們學校的話劇隊，也常和軍部的政工隊，聯合演出宣傳話劇及舉辦演講會，我曾主演過一幕「小英雄」話劇。處處展閱軍民團結抗日報國的大義血誠。

我小學畢業後，因家貧無力升學，跟父親學做莊稼。那時父親每月要做四、五天伕役，由保甲長分派通知，有時父親因故不能去，或有輕工做，我就代父親去。當時我才十四、五歲，體形又瘦小，我怕別人說我來充數的，就賣力的幹。監督我們工做的軍官，看我工作努力，很關心地說：「小朋友，休息一下再做。」做伕役是義務，也不供飯吃，自己要帶乾糧。我有時帶炒米，有時帶大麥飯糰，有一次監工的軍官，看我啃冷飯糰，沒菜沒湯，塞給我一個大白麵饅頭和幾片鹹蘿蔔乾，我感動得流下眼淚。

我們家鄉被日軍長期圍困，軍民所各項物資，除軍民聯合運用各種方法，冒險突破敵人的封鎖線，從淪陷區取得少量供應外，都靠本地生產。食鹽賣到一斗米價錢一斤，窮苦人家買不起鹽，用老墻土熬硝鹽，煮菜時放一點變變口味。軍民同甘共苦，度過那段艱辛歲月。

駐軍的生活必需品，由縣政府統籌免費供應。由四十八軍軍部人員和縣府派員組成「軍民合作站」，做為物資徵集及分配的單位。縣府將駐軍所需各項物資數量，分攤到各鄉，鄉分攤到保，保分攤到甲，甲分攤到戶。供應駐軍物資種類大約有白米、黃豆、食油（菜籽油）、清油（木梓油，點燈用）、毛豬、雞、雞蛋、蔬菜、柴、稻草、布鞋等。毛豬是分攤錢，由鄉公所統一採購，其他東西，也可以折算現金繳交。還有過年過節勞軍及慰勞傷兵，都是分攤現金，由承辦單位購買慰勞品。每次接到保丁或甲長送來應繳貨物或現金通知單，父親就緊張起來，趕快想辦法籌措，如期繳納。家人的生活就湊合著過，五、六月青黃不接，靠菜園裡的蔬菜維生，菜裡沒油沒鹽，吃得兩腿發軟，只要一想到要打日本鬼子，再苦大家都心甘情願，毫無怨尤。

軍人生活也是很苦，有些士兵都赤著腳，六月天有穿棉襖的，冬天有穿短褲的，有的面黃肌瘦。生活雖苦，未聽説有誰偷雞摸狗搶劫等事件發生。四十八軍所屬部隊，大部分是廣東和廣西人，一直駐防到抗戰勝利，才離開我們家鄉，留下很多令人懷念的故事。

那時駐軍沒有營房，都是住在各姓氏祠堂、廟宇或民宅。我家有幾間空房子，就時常有軍隊進住。我家幾個弟妹都很小，看到部隊開飯，就吵著要吃飯，兩個大一點的站在他們旁邊看著，他們就分給他們飯菜，混熟著好像一家人。

部隊因作戰或換防時常調動，有一次住進一個衛生連，是從前線下來的，還帶著幾個傷兵。我們學校知道了，派慰勞隊的男女同學，帶著鮮花慰勞品去慰問他們。軍醫也免費為老百姓看病，像頭痛、發燒、拉肚子這些小毛病，一吃藥打針就好，大家都説是神醫。

有一次，我們家住了一個營部，突然接到命令，要開往前線，一位士兵高燒不退，不能隨行留下來。我們鄰居胡公標老先生，家境小康，將他接回家，請中醫診治，才知是患了傷寒病，病癒復元歸隊。這位廣西籍士兵，為報救命之恩，拜胡老先生為義父。軍民之間一些溫馨感人的小故事，時有所聞，不勝枚舉。

八年對日抗戰，是我們國家民族救亡圖存的聖戰，全國同胞，地無分東西南北，人無分男女老少，都為抗日救國做了最大努力，無保留地奉獻犧牲。那時我們家鄉到處可見：「國家至上，民族至上；意志集中，力量集中；軍事第一，勝利第一」的大幅標語，這些標語是國民的共同心聲和行動指標。在抗戰最艱困時期，蔣委員長號召全國青年從軍報國，又出現了「一寸山河一寸血，十萬青年十萬軍」的大幅標語。掀起了青年從軍熱潮，成立了「青年軍」，參與印緬邊境國際抗日戰場，使英美聯軍解危脫困而享譽國際，也是抗日戰爭轉敗為勝的起點。八年長期抗戰，終於獲得最後勝利，寫下一頁光榮的歷史！

際此紀念抗戰勝利五十週年，撫今追昔，回憶八年抗戰的艱辛；政府遷台之初，面臨重重危機，種種困難，幸賴政府明智的決策，及全民的支持，團結合作，將一個缺乏資源、資金的海島，開發成從無到有，從有到富，創造了「台灣奇蹟」，人民過著富足安樂的生活。但盱衡大局，國際政治運作及經濟競爭，仍為強權所主導，詭譎多變，公理與正義不彰；中共一心要消滅中華民國，將台灣置於其專制統治之下。國人卻缺乏憂患意識，並陷於國家認同的泥淖，製造族群對立。又沉迷奢侈浮華的享樂，以致社會風氣敗壞，人性墮落，危機四伏而不知警惕，使我無限感傷。願我同胞及時省悟，居安思危，共體時艱，發揚抗戰精神，發奮圖強，為我們國家民族的生存與發展奉獻心力，造福子孫後代。

（抗戰勝利五十週年徵文得獎作品，原載青年日報副刊）

珍惜相聚這份緣

去年元月十日，美國航空暨太空總署，發布由哈伯太空望遠鏡拍攝，在距離地球五十億光年的兩星雲發生對撞的景象，使我聯想到宇宙之大，地球渺小如滄海一粟。據科學家們推算估計，地球形成至今約五十億年，可能在五十億年後，被太陽所毀滅。如此說來，地球的壽命約百億年。我們人的壽命，只有幾十寒暑，長命者僅百餘歲，何其短暫！在無際的空間，悠長的歲月裡，能相聚在同一時空交會點上，是多麼不容易，我們要珍惜這分緣。

據考古學家發現，人類祖先活動的遺跡，已有幾十萬年，有信史記載的人際關係，也有數千年。從歷史文化中，我們看到祖先，在洪荒的原野上，茹毛飲血，巢居穴處，走過漫長的歷程，從生活經驗中發展人際關係，拓展生存空間，而提昇生活品質。在無數次試驗中，創造了文明，世代相傳，踵事增華，才有今天這樣進步繁榮的人類社會，我們是多麼幸運的一代！

天體運行不息，人類的文明進化，也是無止境的接力賽跑，現在輪到我們這一棒。我們不僅要全力以赴，更重要的是認清目標，不能偏離跑道。回顧來時路上，有許多族群，選錯了目標，偏離了跑道，鑽進荊棘叢中，或陷入泥淖，將喜劇的戲碼，演出悲劇的情節，卻不知悔悟，還在一棒接一棒的演下去，真是人類的大不幸。

人類在繁衍綿延的過程中，因膚色種族不同，地形阻隔，宗教信仰差異，文化及生活習慣各殊，形成各種不同的族群；又因各族群勢力擴張，思想意識型態的滲透渲染，在各族群間結合成有強烈排他性及侵略性的政治族群。各政治族群，因利害關係，由對立、對抗而兵戎相見，使一部人類生存發展史，沾染了濃濃的血腥及硝煙味。隨著科學發達，物質文明進步，人們的欲望也隨之提升，族群與族群之間，利害衝突愈演愈烈。以二十世紀而言，已發生兩次世界大戰，共產主義者掀起全球思想戰。還有區域性的韓戰、越戰、以阿之戰及各國內戰，生命財產損耗，對精神文明的摧殘，交戰各方，無一贏家，都是輸家。不僅自做自受，禍延子孫，成為歷史的罪人。

往者已矣，追悔無益；但環視現實世界，各政治族群、宗教族群、區域族群、經濟族群之間，仍充滿了敵意，潛伏著危機，若不以互助互利互惠來化解，二十一世紀「地球村」居民的命運是難以想像，我們又怎能置身事外？以上是我對人類族群生態的宏觀認知與觀照。

再看國內族群情形，因受國際風潮的影響，「族群」一詞漸漸在台灣流行起來。有人將居住台灣的人民，分為台灣人、大陸人；更有人分為閩南人、客家人、原住民，外省人，如果以平常心看待，並無惡意。再如我們社會上，稱薪水階級為上班族，成年未婚男女為單身貴族，聽來還很熱耳。但有政客故意炒熱族群意識，樹立族群壁壘，作為製造族群對立的手段，爭取政治資源，從中獲取政治利益。近幾年來，國內政局動盪不安，就是政客們興風作浪所致。我們住在台灣的同胞手足，要慎思明辨，知曉善惡是非，不要被其愚弄，任其擺布。黎巴嫩基督教民兵與回教民兵長期爭奪戰，將有東方巴黎之稱的首都貝魯特，變成破落不堪的荒城；南斯拉夫分裂後，波士尼亞、塞爾維亞、克羅埃西亞三國相互攻擊，造成幾十萬人傷亡，數百萬人流離失所，三敗俱傷，都是政客爭權奪利的犧牲品，值得我們驚惕！

現在住在台灣的居民，除了少數原住民外，都是從海峽對岸先後搬遷而來，同一祖先源流，繼承了中華文化傳統，雖有語音不同的方言，表達思想與情感的文字仍然一致，祭祖及奉祀神明的風俗習尚相同，依冠服飾無別。自中央政府遷台以來，推行國語，消除了語言隔閡。各族群在同一政治體制，平等自由，安居樂業，對原住民另有優惠與扶助。幾十年來，各族群水乳交融，相互通婚所生的第二代、第三代，在總人口中佔了相當高的入例，是有目共睹的事實，沒有族群問題存在。

中央政府遷台之初危機重重，由於施政方針正確，推行以安全、安定為順位的漸進式民主，使各族群大融合大團結，在這個缺乏資源的海島上，及國際環境險惡的情勢下，創造了全世界人眼中的「奇蹟」，為我們國家民族的歷史，寫下最輝煌的一頁，我們身在其中，身受其惠，可做見證，不是任何人能隨意否定及抹煞！我們要珍惜在此時此地相聚攜手合作這分緣，將創造的成果傳給下一代，讓我們的子孫再去發揚光大，使地球村的各族群，都成為融融樂樂的新新人類。我懇切地呼籲政客們，立即停止破壞我們族群融合的一切陰謀詭計活動，同享互助互惠互愛的快樂人生，遺愛子孫後代。

（本文是台灣省政府新聞處以「族群融合大家談」爲題徵文應徵得獎作品，並收入《心手相連寶島情》文集）民國八十五年五月

論如何改善社會風氣

一、前　言

我們每天翻開報紙，打開電視機，總是看到大標題，大篇幅及重播畫面，報導貪污舞弊、行賄受賄，偷盜搶劫、綁票勒索、殺人放火、販毒吸毒、賭博，色情等花樣百出的犯罪新聞，使人怵目驚心，不寒而慄。我們的社會怎麼會變成這個樣子？記得五、六十年代，社會一片祥和，國際輿論譽為世界上治安最好的國家之一。犯罪事件少有所聞，半夜三更獨行僻巷荒郊，也不會有安全顧慮。近十多年來，社會治安日趨敗壞，犯罪率直線上升，像野火燎原，到了難以控制的地步。

俗話說：「無風不起浪，事出必有因。」我們的社會風氣敗壞，是受不良政治風氣的感染。有位中生代政治風雲人物，就曾公然道出他的問政理念：政治是高明的騙術。放出台灣政壇的風向球。各種「高明的騙術」，都在興風作浪，吹向行政、立法、司法、考試、監察舞台，以謀取個人及黨派利益。在民主殿堂搬演穢言暴力醜劇。率領群眾向公權力挑戰，上街頭遊行示威抗爭，要求接受其法外的權益，不達目的不肯罷休。人民看在眼裡，記在心上，善良者對政府失去信心，政策推行就減少動力；刁鑽者結成幫派自我膨脹，攀援附會要分一杯羹。於是形成黑道、民代、官員與權力掛鉤。善良百姓，為生存與生計，花錢消災，供養著那些惡霸。於是，其吸收黨羽，更為囂張，使社會大眾被籠罩在暴力恐怖的陰影下，過著提心吊膽的日子。

政府有見及此，曾提倡「政治革新」、「心靈改革」並經年累月廣為宣傳，但從新聞媒體報導犯罪案件來看，不僅未見成效，而且與日俱增。究其原因有二：一、只聽到響亮的口號，未見有效的具體措施。喊口號者，只坐而言，未起而行，樹立典範，蔚成風氣；二、喊口號者，我行我素，甚至把口號當幌子、招牌，以掩護其為非作歹，而產生反效果。

選舉文化低俗及惡質化，也是導致社會風氣敗壞的主要原因之一。每逢選舉，各黨派之間及黨派之內的惡性競爭，相互攻擊詆毀，暴力相向，反目成仇，謠言滿天飛。請客、送禮、花錢買票，醜態百出，在選民面前表演錯誤的示範。各項選舉的候選人，都要花高額的競選經費，大張旗鼓，聲嘶力竭，挨門挨户拜票，他們之中究竟有多少人，是真心誠意要爭取一個為民服務的機會，以施展自己的政治理想抱負？大多數人是想做一筆獲利豐厚的生意。他們之中，有些人有自己的事業，想以民意代表或政府首長的身分地位爭取特權與商機，以求發展及維護其個人事業利益。像這樣每三、四年一次大規模負面的社會教育，社會風氣怎能不敗壞呢！

有些人對政府失去信心，自身缺乏安全感；或想不勞而獲，少勞多獲，利慾薰心，為避禍趨福，求助於神明。於是自稱通神明的法師、仙姑、靈童指示迷津、改運、賜給智慧及特異功能。求神問卜之風日甚，江湖術士、神棍、巫婆，隨之而起，寺廟、道觀、神宮、神壇林立。電視的靈異節目，報刊的星座、命理專欄，相互呼應，形成一股敗壞社會風氣的暗流。不法之徒藉機騙財、騙色，破壞家庭及善良風俗。有些政客，為拓展政治資源，表現親民假象，逢神就拜，更加速了迷信蔓延，使社會風氣日益惡化。以上這些從人民心理反應出來的怪現象，不僅消耗了大量的社會資源，更腐蝕了國民對國家的責任心，及自信樂觀奮鬥的創造力。倘任其迷失沉淪，對國家的生存發展，人民安居樂業，都是嚴重的損害，實堪憂慮！

國父在《孫文學說》自序裡說：「夫國者人之積也，人者心之器也，而國事者，一人群心裡之現象也。是故政治之隆污，係乎人心之振靡。」社會風氣是人心振靡的表徵。眼看社會風氣敗壞，人心惶惑不安，身為民主社會的一份子，豈能袖手旁觀，置身事外！我不揣卑微僻陋，竭盡愚誠，提出下列建言，盼能引起國人省思，共獻良策，提供執政者參考施行，以振奮人心，改善社會風氣，則國家幸甚，全民幸甚！

二、淨化選舉，樹立廉能政風

民主政治的可貴，是選舉賢能之士，擔任行政首長暨民意代表，貢獻其智慧、知識與能力，共同推動公共行政事務，以促進國家社會進步，增進人民福祉。民主政治雖是法治政治，倘當選之人非賢能之士，徒具法條規範，往往不是執行不力，就是執行偏差；因為各種法令規章，都有不夠周延之處及裁量權的空間。因此，民主政治，不是喊響亮的民主口號，不斷舉辦大拜拜式的選舉，就能達到民主政治之目的，享受到民主政治的安樂福祉。

各層級的選舉，是推行民主政治的重要過程，也是民主政治的示範教育。但是，我們國家近十幾年來，從中央到地方各項選舉，弊端叢生，成為社會風氣敗壞的誘因，要想改善社會風氣，必先從修改選舉法規著手：

㈠候選人資格審查，要以品德、學識、才能為標準，以排除素行不良，不學無術及黑金背景者參選。

㈡參選者一律公費，使清寒的賢能之士亦能參選。公辦政見發表會及電視辯論會，候選人抽籤排名參加發表政見，向選民說明自己對未來政務的推行、創新及願景。

㈢候選人不得設競選總部、辦事處及後援會。競選政見及文宣資料，統一規格，由候選人撰寫內容，經審查通過，由選委會統一印製相同數量，在公設布告欄依抽籤排名張貼，供選民閱覽，候選人不得私自散發文宣資料、標語或旗幟。

㈣由選委會為候選人備競選車，抽籤排名列隊，披卦名號彩帶，在選區內巡迴展現風采，發表政見（每車相隔一定距離，以免相互干擾），候選人不得私自進行競選活動擾民。

能做到以上各點，使候選人都有均等的機會，在選舉人面前展現風範與才華，作為選民投下神聖一票的評比選擇，才是公平的選舉，才能選出賢能之士，為民造福。

三、民意代表權責，應重加規範

㈠民意代表是支領俸給的公職人員，不得經營事業，或兼任營利機構職務。

㈡不得替民眾關說，以免干擾一般行政、警政及司法權的執行。亦不得以預算審核權，對編列預算機關藉故刁難，影響行政效率。

㈢民意代表應體察民情，結合民意，作為質詢問政的依據，以發揮為民耳、目、喉舌的功能，監督政府施政。

㈣民意代表應比照行政人員上班請假規定，在開會期間不得無故缺席，曠職者依法議處。質詢時應針對問題發言，不得有粗暴言行侮辱行政官員。

㈤延長民意代表開會日程，務使行政機關送審的法案，當會期審議完成法定程序，最遲不能延過下一會期，以提高行政效率（立法院積壓行政院送審的法案，有失民意代表之職責，延誤了除弊興利時機，對國家社會損害，難以估計）。

㈥民意代表問政績效暨選任行政首長的政績，應簡要刊於政府公報，並透過媒體公諸社會，接受民眾的檢驗與評比，以收惕勵之功效。

府會之間，如人之雙臂，車之兩輪，相輔相成，相得益彰，才是一個全能的政府，人民期待的民主政治。

四、建立新的道德觀，以正社會人心

人為萬物之靈，自上古以來，群居而生，互助而活，從洪荒的原野，茹毛飲血，一路走過來。在生活中體驗出生存發展之道，形成一個由小而大的生命共同體，如家庭宗族、部落、社會、國家。為促進生命共同體的成員，和睦相處，共存共榮，漸漸凝聚共識，樹立生活行為規範，是倫理道德的起源。我們中華民族歷五千年繁衍綿延，世代相傳，踵事增華，發展成博大精深的中華文化道統。但歷代也有些昏君、佞臣、貪官、莠民，留下的劣績敗行，成了中華文化的污點。西方國家自工業革命興起，科學發達一日千里，形成列強互爭霸權，向外擴張殖民，中國成了他競逐的目標，蠶食鯨吞，國勢阽危。有些新思想的國人，把近代中國之積弱，歸咎於中華文化道統，對國民思想行為的束縛。

民國初年，新文化運動與起，以發展科學，爭取政治民主及個人自由為訴求，風起雲湧，瀰漫全國。「打倒孔家店」及「全盤西化」之聲四起。從高等學府發出吶喊：「禮義廉恥是四根柱子，忠孝仁愛信義和平是八條繩子，我們被八條繩子綁在四根柱子上動彈不得。」可見當時知識青年反傳統道德的激烈。若是基於愛國心切，想求新求變以救亡圖存，值得讚賞。但是，舊的道德規範被摧毀，新的道德觀念未建立，社會人心浮動，政客及共黨份子發展勢力，使國家陷於外患日急，內憂日深，政局分崩離析，更予敵人可乘之機，幾至亡國，可為前車之鑑，豈能忘懷那些血淚教訓！

政府遷台後，大力推行中華文化復興運動，重建社會秩序，同時推行倫理、民主、科學的三民主義政治建設，在三、四十年內，將一個資源缺乏，貧窮落後的海島，發展成民主、自由、均富的國家，人民過著安居樂業的生活。我們中年以上的都參與其事，樂在其中，留下美好的回憶。但好景不常，一方面因經濟發展太快，資訊泛濫，歐美嬉皮萎靡之風侵襲國內，趕流行的青少年隨之起舞。加之富裕的生活沖淡了憂患意識，人心渙散。另一方面，錢多使人腐化，奢侈浮華，富而無禮，社會風氣急速敗壞，被國際間譏為「貪婪之島」。所謂的「新新人類」，飆車、偷竊、殺人放火，胡作非為，「只要我喜歡，有什麼不可以」，無視於別人的存在與感受。綜觀呈現在我們眼前的敗德亂行，實在令人為我們這個生命共同體前途擔憂！

要使改善社會風氣做得落實，產生效果，就要針對問題解決問題，化戾氣為祥和，化阻力為助力。我在參加社團活動及日常生活中，發現大多數人，對四維八德這些道德規範，識其字不明其義，都認為是繁文褥節，不合時宜，怎能引導國民的思想行為？我們應珍惜歷代祖先遺留給我們的智慧結晶，視為全人類開創未來的理論基礎，以淺顯的言語文字表達其時代精神，使社會大眾了然於心，易記易行，以建立新的道德觀念。我以為「人人為我，我為人人」及「己所不欲，勿施於人」這兩句箴言諺語，能概括四維八德的精義。將之為學校教育及社會公民教育的教材，作為「心靈改革」宣導的主題。「人人為我，我為人人」是鼓勵每個人要積極的做為，在享受別人服務的同時，也要貢獻自己的智能，為別人服務以回饋。無論時代潮流如何演變，都是人類相互依存，共生共榮的不變的法則，而且時代愈進步，相互依存的關係愈密切。「己所不欲，勿施於人」，是規勸每個人，不要把自己的快樂與幸福，建築在別人的痛苦上。每個人都能積極的做為及消極的不做為，社會風氣就會如馨香和暖的春風，大家都可過和平安樂的日子，人類世界就成了人間天堂！

五、做好就學、職訓及就業輔導工作

現在社會上發生的犯罪案件，及傷風敗俗行為，多是失學青少年及失業者反社會心理現象。失學青少年，遊手好閒，想入非非而為非作歹；失業者為解決生活問題，被幫派黑道份子誘惑，利慾薰心，以販毒、走私、詐騙為常業，甚至綁票勒索謀財害命。要想改善社會風氣，應妥善解決這些存在的社會問題，才是釜底抽薪的辦法。我提出下列建議提供政府當局參考：

㈠由學校老師主動聯合家長，對行為偏差的學生，加強課業及生活輔導，引導其改過遷善及學習興趣，留住學生，不讓他輟學，流落社會，成為治安的「虞犯」。教育主管機關，以學生風紀的優劣，作為級任老師年度考績主要參考資料，並隨時予以獎懲。以促進學校及老師，對學生人格教育的重視，多投入心力，培養健全優秀的國民。

㈡做好失學青少年及失業者的職業訓練工作。我們的職訓中心設立相當普及，軟硬體設施也很完備，但宣導不夠，吸引力不強，接受職訓者不夠踴躍。各職訓單位，不僅是敞開大門迎接他們，要以熱情與愛心，深入社會每個角落，向他們招手歡迎。在職訓期間給予關懷與鼓勵，以人格教育與職技教育並重，使他們在結訓時，以健全的人格，懷一技之長走入社會，去實現他們的理想抱負。

㈢政府應積極輔導及獎勵就業。現在，我們的社會，一方面承受著失業人口的壓力，另一方面又面臨工業缺少勞工，有些家庭雇不到傭工照顧老殘及嬰兒的困境，引進外藉勞工，又衍生很多社會問題。如果能做到人人就業，以及失業人口填補勞工之不足，又能免除雇用外勞會帶來社會問題之隱憂，一舉三得，何樂不為？！目前政府雖有各種輔導就業措施，卻未達到預期效果。現在一般年輕人，眼高手低，好高騖遠，寧願失業遊蕩，不肯從事勞苦工作體驗人生。政府可擬定一些階段性的心理輔導及獎勵就業辦法：⑴設立短期心理輔導中心，免費提供膳宿，敦請專家學者，或從勞工出身的工商界領袖及創業有成人士，從務實面陳述人生經驗，以鼓勵就業意願，並給予工作機會；(2)獎勵及補助雇用本國失業者以取代外勞的工商業雇主，依人數定額抵減營業稅；對高學歷就業低職位或一般勞工，給予薪資補助或減免所得稅，以鼓勵就業。

(四)嚴懲幫派黑道份子，施以勞動教育，至改過遷善為止：對黑道份子現行犯，經判刑服滿刑期（或在服刑期間、或在假釋中），施以勞動教育，依其體能分配能承受的工作，給與應得的工資，扣除伙食費，將所得存入其銀行專户，依規定計息，至其解除勞動教育時，領取本利，作為創業資金或生活費。如此恩威並施，以促其省悟，重新做人。

做好以上四點輔導職訓及懲治教育工作，可表現政府對人民的關愛，以增進政府與人民之間的情感，而獲得人民的信任。對改善社會風氣，可收潛移默化的效果。

六、導正奢靡浪費的陋習歪氣

因經濟繁榮，國民所得逐年提高，社會上奢侈浪費之風隨之而起。食、衣、住、行搶流行，趕時髦，尚浮華，爭奇鬥艷。奇裝異服，打扮怪模怪樣，驚世駭俗。貪食豪飲養肥，再不計代價減肥瘦身。以穿戴名貴服飾，傲視別人。婚喪慶弔鋪張浪費，雇花車跳脫衣舞，請人代家屬哭喪，有違倫常，傷風敗俗。不僅消耗了大量社會資源，也會使人失去理性，產生更偏差的行為。如此惡性循環，後果是難以想像，應及時防微杜漸。

民國二十三年，先總統蔣公提倡新生活運動，以整齊清潔、簡單樸素、迅速確實，作為生活行為的準則，激發民心士氣，凝聚國力，奠定了對日抗戰勝利的基礎。今昔雖不可同日而語，但可斟酌現實環境狀況，訂頒合乎常情常理的國民生活行為規範，以鄉鎮、村里為單位，大力推行，實施獎懲。並規定中央至地方各級政府官員暨民意代表，在戶籍地組成推行委員會，擔任推行委員，以身示範。發動社會各界領袖，宗教團體，演藝文藝人員及新聞媒體，加入宣導行列，形成端正社會風氣的全民運動，成為我們這個生命共同體的新風氣，新潮流，締造一個朝氣蓬勃，安和樂利的新社會。

這不是夢想而是理想，也是絕大多數人的願望。只要當政者下定決心，展現毅力，必能排除少數異議者阻礙，使理想實現。

七、破除迷信，建立自信

我們社會上瀰漫著怪力亂神現象。從層出不窮的披著宗教外衣詐財騙色案件顯示，有些政治人物及高級知識份子捲入其中。他們相互依存，互相利用，各有所圖，以權謀、法術、妄語誘惑社會大眾。他們又以「信仰自由」作護身符，規避政府的取締與監督，為所欲為，得心應手，逍遙法外。於是不法之徒，爭相效尤，寺廟、道場、道觀、神宮、神壇如雨後春筍，出現在每個鄉鎮、村里、街巷，有人煙處無所不在。路邊設攤看相、算命、測字、卜卦為人改運，指示迷津避禍趨福的江湖術士，大行其道。由此可見，我們的社會人心，迷信日深，自信漸失。而大眾傳播媒體，及以追逐名利為目的「作家」們，以媚俗爭取觀眾、聽眾及讀者，在以靈異、命理、星相節目及報刊專欄，推波助浪。當高知名度的命理專家陳靖怡，遭情殺殞命，媒體又以各種說詞解惑，惟恐社會大眾，從迷信幻夢中覺醒。

所謂神、鬼，來自傳說，顯現於心理，信之則有，不信則無，難與實證認定，孔子不語怪力亂神。俗話說：「平生不做虧心事，半夜不怕鬼敲門」。壞事做多了，總是難逃法網，神也救不了他。所謂「命運」：「命」是與生俱來，是由父母體內孕育生出，如體質、智商，由不得自己選擇；「運」是掌握在自己手裡，是自己後天的修為。命好的人，不好自為之，也會遭困阨與禍殃，一事無成，抱憾以終。命雖不好，只要有信心，肯努力，發揮潛能，也能開創一番事業，古今中外比比皆是，契機握在自己手裡，求助裝神弄鬼的江湖術士，於事無補。迷信蠱惑民心，危害社會安寧，破壞公秩良俗，妨礙國家生存發展，其害無窮。破除迷信，以建立國民的自信心，發揮智能，貢獻國家社會，是刻不容緩的當務之急。

政府應該從學校教育及社會教育著手，加強宣導，並立法將宗教團體：寺廟、神宮、道觀、道場、相命館，建立檔案資料，納入輔導管理。素行不良及有犯罪前科者，不得設立上述宗教團體，以杜絕不法之徒，藉神明、巫術愚弄社會大眾。並加強查察，發現不法情事，即予取締究辦，依法懲處。

八、結　論

改善社會風氣，須治標、治本雙管齊下。治標要立竿見影，政府以公權力取締一切不法行為，維護人民合法權益，使社會大眾免於恐懼，不受干擾。治本應正本清源，因應現實需要，迅速周延立法，建立完美制度，政府依法推行政務，做到保民、便民、利民、愛民，以爭取人民的信任與支持。標本兼治，相輔相成，相得益彰，使政治修明，人民安樂，社會祥和，是不為也，非不能也。

附註：本文係應徵教育部主辦，中華民國孔孟學會承辦，八十六年中華文化復興論文競賽，獲社會組佳作獎。

卷四：我的詩魂

古體新詩二十首

1. 政治

為政典範稱堯舜
禪讓治國為愛民
世襲帝位家天下
明君賢相樂太平
無道昏君施暴政
奸臣貪官欺百姓
民本思想啓民智
民主政治氣象新
賢能之士為公僕
一切施政為利民
良策推行漸變質
官員民代跨黑金
歹徒橫行民驚恐
政治清明待何時

2. 經濟

經世濟民是善政
藏富於民固國本
國民均富必強盛
貧富不均是亂源
科技進步日千里
縮地已成地球村
全球掀起搶錢熱
資訊網路佔先機
經濟命脈富者握
貧病飢寒與日增
奢侈浪費人性墮
自然生態被摧殘
勤儉自救不容緩
相互濟助樂繁榮

3. 軍事

國家大事祀與戎
保國衛民在強兵
自古征戰無休止
勝敗興亡中外同
戰略戰術求精進
武器裝備日日新
洲際飛彈襲千里
毀物傷人不及防
按紐宣戰決勝負
勝敗皆輸無贏家
輻射污染看不見
子孫後代遭禍殃
棄戰求和相互助
共生共榮樂無窮

4. 外交

協和萬邦靠外交
輸誠納諫免爭端
相助互補民安樂
邦誼永固享太平
中外古今看歷史
征戰連年未息爭
勞民傷財無寧日
爭名奪利結冤仇
爾虞我詐騙對方
軟硬兼施佔便宜
兩敗俱傷漁翁利
反覆輪迴轉不停
何不真誠相對待
各蒙其利進大同

5. 教育

人類初生如禽獸
自生自滅無知識
累積經驗增智慧
互助求生部落興
有教無類傳薪火
因才施教各有成
百年樹人成智庫
促進學養創文明
教育普及民智開
師生倫理臨挑戰
科技成就最耀眼
人文精神漸沉淪
有物無我堪憂慮
革新教育應慎思

6. 文化

混沌初開無文化
人憑本能以求生
比手劃腳傳心意
情趣相投起共鳴
語言開拓文化路
文字培養學術根
踵事增華施教化
倫理道德應運生
人文科技開新局
思想多元展鴻圖
資訊網路遍天下
各行各業喜運籌
天下一家可期待
世界大同復何愁

7. 社會

社會本是共同體
各盡所能取所需
相互依存求發展
彼此善待樂融融
先知先覺聖賢出
敷陳禮義導黎民
後知後覺宣教化
文明社會漸形成
人口眾多事日繁
利害衝突頻出現
不肖之徒乘機起
離經叛道罪惡生
若要社會趨和樂
正心修身斷罪源

8. 自然

宇宙形成傳說多
自然科技探幽微
生物進化互消長
人類已成萬物靈
現象紛呈難索解
底蘊神奇費猜疑
科學進步欲望升
為求享受找資源
傷天害地及太空
自然生態遭破壞
人類生存現危機
轉禍為福須及時
還諸天地好山水
留給子孫美家園

9. 倫理

倫理綱常世代傳
長幼尊卑互愛憐
一家和順天倫樂
敦親睦鄰盡歡顏
人間天堂不是夢
美好人生在眼前
家族倫理似膠漆
社會倫理好潤身
職業倫理傳經驗
官場倫理教利民
倫理鋪成平安道
眾生交往結善緣
相生相養皆喜悅
人生在世復何求

10. 道德

人類初生靠自身
荒野覓食不求人
經驗啓發須互助
聚族而居相依存
各盡所能共安樂
積習成俗道德生
社會文明於焉始
己所不欲勿施人
看見人飢予濟助
遇到人溺伸援手
關懷社會獻心力
愛護自然做義工
人間事事現溫情
大地處處皆樂土

11. 命運

命定先天不由己
運在自己掌握中
人生苦樂皆命運
因緣時會暗牽成
發奮圖強不認命
意志堅強能出頭
逆來順受慎思慮
從新出發展新猷
苦樂來臨皆自在
自助助人復何求
來到人間走一趟
但願與人無怨尤
名利終歸隨風去
一生歲月似水流

12. 生死

宇宙蒼茫蘊生機
自然生態最神奇
演進成人億萬戰
其中奧祕未盡知
太空星球數不清
地球之外無人跡
何其有幸生為人
生為何來死何去
生來死去一瞬間
人間苦樂難言盡
世代交替成歷史
恩怨情仇變舊聞
一旦往生歸塵土
富貴榮華皆空無

13. 苦樂

人間苦樂百態生
苦樂感受各不同
求樂避苦是人性
苦樂在心見儀容
尋樂喪志嘗苦果
吃苦有成樂陶然
樂極生悲自悔恨
化苦為樂智慧生
苦樂互生是常理
尋歡作樂苦相隨
人生苦樂總無常
苦中作樂暢胸懷
慾壑難填成苦果
知足常樂好自在

14. 天道

轟然一聲宇宙生
星辰日月漸形成
天體運行有軌道
相依追隨互吸引
日升月沉星斗移
井然有序是天定
天道無私生萬物
繁榮大地成美景
唯有人類最幸運
天賦智慧創文明
得天獨厚應知足
受惠終身該自重
共營完美人間世
同享安樂報天恩

15. 人道

順從天意來人間
始祖降世千萬年
茹毛飲血棲荒野
獨與異類爭生存
累積經驗求進步
相愛互助與日增
倫理道德成規範
典章制度共遵行
物質文明燃慾火
患得患失慕虛榮
名利所在爭先後
心被物化亂象生
回歸人道思改過
不愧於天樂為人

16. 理想

理想始生於現實
現實總是不公平
眾生天賦各有異
喜樂怕苦志一同
費盡心機求享受
社會萬象所自生
利害衝突添變數
亂象紛呈駭聽聞
強者享盡人間福
弱者求生備艱辛
智者無私獻心力
利益均霑樂共榮
人無貧富真平等
理想終極是大同

17. 幻想

無中生有求滿足
異想天開騙自己
終日沉迷在幻境
尋歡作樂以度日
心欲所得無能取
怨天尤人自悲寂
為非作歹以報復
自蹈法網入監獄
若能自省知悔改
人生際遇有轉機
只知怨憤仍墮落
繼續沉淪命歸陰
帶著罪孽入地獄
虛度一生枉為人

18. 妄想

各盡所能取所需
相互依存是生機
天生智愚不平等
貢獻需索有高低
取有餘者補不足
道德法令是機制
各安其分行正道
社會祥和樂共榮
想入非非為己謀
巧取豪奪不知足
損人利己視當然
要據天下為己有
兩手空空歸塵土
才知自己是痴愚

19. 自省

出生農家是命定
回想幼年好溫馨
內亂外患燃戰火
苛捐徭役父肩承
飢寒交迫無生計
少年失學做童工
工農商業都幹過
走投無路幸從軍
死裡求生赴國難
扛槍握筆做書蟲
幾次應試皆上榜
歷任公職數十年
每逢升遷或敘獎
自甘退讓不損人

20. 展望

二十世紀近尾聲
滿目險象眾驚魂
一片祈求千禧熱
盼望神明降好運
物慾發酵正膨脹
頹風巨浪在形成
硝煙撲鼻是警訊
眾生尋樂置罔聞
避禍趨福無他路
先去邪念正自心
執迷不悟互傷害
神明無奈末日臨
互助合作求多福
人類前途放光明

註：這二十首詩，是以七言與莎士比亞十四行相結合寫成的「古體新詩」，在劉菲先生主編的世界論壇報「世界葉詩」三一六、三二〇、三二三、三二六期刊出。在寫作過程，劉菲兄曾給我鼓勵與指教。銘感在心，永誌不忘。

急切地呼籲

話說從頭
我們祖先相傳盤古開天闢地
西洋人說上帝創造天地萬物
科學家們探索研析
宇宙起源於大爆炸
爆炸的殘留物質
在無限大的空間
經無限長的時間
相互吸引凝聚成星球
演化成萬物
進化為萬物之靈的人類
擁有地球主宰萬物

人類初生遊蕩在洪荒原野
茹毛飲血與動物爭生存
巢居穴處以避風雨雷電
因繁殖日眾而群居
形成部落相互依存
是人類良性互動的開始
由部落發展成社會國家
相互依存日趨密切
生活習慣形成民俗
進而延伸為典章制度
成為人際及國際互動規範
是古聖先賢為人類生存發展
描繪共生共榮的美好遠景

由於人的智能有高低

慾望需求各不同
理想抱負起衝突
人際糾紛族群對立國際戰爭
日漸頻繁情勢嚴重
根據歷史及現實
痛心疾首簡述之
基督教徒為從回教徒手中
奪回聖城耶路撒冷
十字軍七次東征歷百餘年
積怨千載至以色列人復國
以阿之戰死灰復燃延燒至今
愈演愈烈冤仇愈深
德國人傲慢自豪
主導兩次世界大戰
終至全軍覆沒國土分裂
日本明治維新成為強國

軍國主義興起侵略鄰邦
發動中日戰爭要三月亡華
經八年血戰無條件投降
美國是兩次世界大戰勝利者
戰後與蘇聯爭霸權
蘇俄共產集團解體
美國獨霸全球以國際警察自居
干涉全世界國際事務
找藉口攻佔伊拉克
自己擁有最多核子武器
要強迫別人廢核武
窮兵黷武為所欲為
美國在為自己掘墳墓
戰火正在燎原
毀滅性世界大戰一觸即發
人禍天災惡性循環

求亡圖存刻不容緩
人類的生機蘊涵在
一脈相成的大中華文化
回顧五千年的文明古國
巴比倫已在時光隧道灰飛煙滅
埃及只留下金字塔供後人憑弔
印度無主體文化可資傳承
惟有中華文化自三皇五帝
唐虞夏商周踵事增華
孔子集大成而博大精深
國父孫中山先生繼承儒家道統
吸取西方民主科學精華
創造三民主義建立中華民國以
促進世界大同使人類和平安樂
理想實踐中途因列強侵略受阻
世局大變國家面臨危機

蔣故總統率領忠貞愛國軍民來台
依三民主義大計方針治亂扶危
開創了舉世欽獻的台灣奇蹟

地球村的同胞們
放下武器忘掉仇恨攜手同心
營建大同世界的人類樂園吧

附註：1.這首詩是應徵「國軍第四十屆文藝金像獎」落選作品
2.新詩應徵作品限六十至八十行長詩或組詩
3.揭曉後，我試投「葡萄園詩刊」獲錄用，在一六四期發表，將我的心聲傳給讀者，謹致謝忱！

提高生活水準

生活，一般是指食衣住行
其實應包含一切精神活動
提高生活水準不應只為滿足物質欲望
同時也應提升生活的意境

物質文明產生了些時髦病
「迷失」是心理失去了平衡
「蒼白」是患了精神貧血症
「代溝」是中斷了民族精神的傳承

有人提倡重振「重慶精神」
因為那是民族精神的體現

是精神重於物質的證明
也是醫治那時髦病的砭針

我們要創造更高水準的物質生活
我們要加強倫理道德的精神涵蘊
精神與物質並重才會有完美的人生
情感與理智和諧才是人類至高的文明

原載中央副刊　民國六十七年三月十四日

上帝與撒旦

上帝是人人敬愛的天神
撒旦是人人憎惡的魔王
但他們的面貌使人迷惘
分不清那是上帝
那是撒旦

我見過上帝
他是人的形象
臉上堆滿著莊嚴的慈祥
並賜給我智慧與力量
我也見過撒旦
它偽裝上帝模樣

躲在上帝身旁
向我投射誘惑的目光
如果我們不定神細心分辨
往往會把撒旦看作上帝
把上帝看作撒旦

上帝創造這個美好的世界
作人類子子孫孫居住的天堂
教人們相親相愛相生相養
撒旦卻以欺騙技倆
使人互仇互恨互鬥互爭
把人類社會弄成今天這種情景
我們要想過和平安樂的日子
只有把心靈交給上帝奉行他的意旨
認清撒旦的真面目與它遠離

原載中央副刊　民國六十七年五月十一日

人類的迷惘

民主自由帶來散漫頹唐
極權奴役使人痛苦難當
豐衣足食誘發無窮慾望
啼飢號寒觸目情境淒涼
科技帶給人類核子恐怖
精神物質距離愈拉愈長
上帝住在每個人的心裏
魔鬼也時刻緊跟在身旁
國際外交極盡威脅利誘
爭權奪利不顧天理倫常
善良百姓祈求和平安樂
暴力強權卻在各地猖狂

歡笑哭泣一齊同台亮相
呈現眼前景像使人迷惘
大同之治豈無實現希望
世界末日真的就要來臨
是禍是福人類同一命運
或恨或愛用心仔細思量
人人為我始能需求無缺
我為人人亦是理所應當
格物致知開發無盡寶藏
誠正修齊促進社會安祥
爾虞我詐只會徒增紛擾
友愛互助才是福樂康莊
三民主義指示正確方向
中華民國就是最好榜樣
萬邦協和共同創造福祉
子子孫孫發揮人性光芒

原載中央副刊　民國六十七年十二月十五日

問題青少年的申訴

你們都認為青少年問題嚴重
卻不除去那問題生成的原因
我們走出娘胎只有吃奶的本領
糊裏糊塗地向人生旅程邁進
我們模仿著大人們的舉止言行
是非善惡我們分不清
在家庭在學校也聽說過什麼仁義道德
但教我們的人多是只說不行
似乎也不是社會大眾衡情度理的標準
不是把我們管得太緊
就是對我們溺愛放縱
有時虛偽的應付我們一陣

有時把我們當出氣筒
曾聽人說我們是國家未來的主人翁
為什麼變成動輒得咎的罪人
光怪陸離的社會現象
迷惑著我們幼稚的心靈
雖我們生活不虞匱乏
心裏總覺得到處冷冰冰
我們叫喊著「失落」
周圍的人冷嘲熱譏漠不關心
我們的臉色呈現「蒼白」
卻沒有給我們足夠的營養成分
「代溝」越來越深
為什麼不肯和我們親近
你們製造的罪惡時常在向我們招手
如果抵擋不住它的誘惑就會跌落陷阱
你們總以為我們是在尋樂找刺激

其實我們是在排遣苦悶
你們看
社會上很多人都在物慾裏迷失自己
我們不過是步他們的後塵
我們也知越規逾矩是不應該
但為環境引誘卻欲罷不能
我們不甘接受從四面八方來的苛責
我們需要溫暖的援手與真摯的愛心

原載中央副刊　民國六十八年三月四日

向中間的一代呼籲

——兼答「對『問題青少年的申訴』之答辯」

中間的一代啊
不要使你的上一代寂寞
不要使你的下一代彷徨
請快負起你應負的責任吧
你說：為了工作，為了事業
才把兒女冷落
才把雙親淡忘
那是藉口
你在說謊
你時常進出歌廳、舞廳、飯店
還搓衛生麻將

酒肉軟化了你應堅持的立場
聲色使你應把握的原則走樣
名利誘惑你越出倫常的軌道
物慾使你陷入無邊的遐想
你似乎忘了代代相傳的那根棒
只顧自己吃喝玩樂
打算在人間遊戲一場
荒唐　荒唐

回頭不晚
莊敬自強
用你的智慧去充實學養
把你的心力用在事業上
選適當運動以增進健康
閒暇和父母兒女話家常

或全家去觀光遊覽
享天倫之樂身心舒暢
奉養父母生死以禮
教育兒女自做榜樣
夫妻相敬如賓相偎相依
走近生命的終點
把責任交給下一棒

原載中央副刊　民國六十八年四月十二日

註：胡晶玲女士對「問題青少年的申訴」在「中副」發表不同意見。

欲望

你緊緊地跟著我
時時刻刻把我折磨
雖然你曾帶給我些許快樂
但你給我的痛苦更多

我求你放過我
讓我平平淡淡地生活
只有你的魔影從我腦中消失
我的心湖才會平靜無波

原載中央副刊　民國六十八年四月二十六日

閒話傳統

你說
傳統是手銬
　是腳鐐
　　是個沉重的包袱甩不掉
你想擺脫
你要反抗
你在掙扎
你呼號狂叫
你揮拳跺腳
痛苦萬狀

我說

傳統是胞衣
　是奶水
　是盞不滅的明燈照著你

任你跳躍
任你奔跑
任你思想
正等著你接棒
在期待你創作
盼望你青出於藍

後生可畏，古不如今
說明了傳統的演進
前人的智慧與經驗累積成傳統
後人的創造是傳統的延伸
傳統隨時代在蛻變
那蛻變無窮無盡

你不能另造天地
你如何能擺脱傳統
縱然你有使傳統蜕變的能力
你仍然生活在傳統中

原載中央副刊　民國六十八年十月十六日

致帶面具遊行者

你們既不敢見人
為什麼要出來亂吼亂叫
是不是告洋狀沒折
狗急跳牆狂吠亂咬

你們既自知無臉見人
為什麼還要胡鬧
是受人桎梏身不由己
為應付主子虛幌一招

你們不敢拋頭露面
是怕被人唾棄還是怕人恥笑

你們背叛國家數典忘祖
欲蓋彌彰不打自招

你既昧於國際政治的奸詐
又不知敵人笑裏藏刀
自甘受其愚弄驅使
身陷萬劫不復的泥淖

政府和同胞對你們的愚行都不計較
盼望你們即時悔悟回到祖國懷抱
做個堂堂正正中國人心安理得
凶吉禍福決定你們心中一念

原載中央副刊　民國六十九年四月十三日

知識份子的形象

什麼樣人
才算知識份子
界說不一
立論紛紜
我心中知識份子的形像
鼻樑上架著理性的眼鏡
肩挑歷史的重擔
手拿現實的提籃
為未來辛勤播種
穩穩地站立在
人我的平衡木上
為休息而睡眠

為工作而吃飯
其上焉者
更身懷明辨是非的彩筆
背負伸張正義的寶劍

原載中央副刊　民國六十九年十月二十一日

懇求

你們曾向我們許下諾言
又一再地發過誓願
要竭誠為民眾服務
為民主政治犧牲奉獻

曾幾何時
你們的言行忽然轉變
官與民都不放在眼裏
處處都要享受特權

在國內趾高氣揚
到國外丟人現眼

受批評不知反省
遭輕視不自檢點

懇求你們自重自愛
維護身分的尊嚴
毋負老百姓的付託
為國家爭點顏面

原載中央副刊　民國七十一年十月二十六日

今年又豐收

——一個山地農民的自述

去年夏天乾旱
水庫的水流出來灌溉稻田
我們豐收了
今年夏天霪雨
水庫容納了餘水未發生水災
我們又豐收了
「人定勝天」
不僅是句名言
而且是個真理
把下季收割前所需的糧

存進米廠去
我們長年吃最新的米
把剩餘的糧送到農會去
換回大把鈔票
夠花的了

怎樣打發這農閒時光
值得思量
二兒子攜眷在美國工作
寫信要我去小住
我已去過一次

我想帶著老伴
隨旅行團去東南亞觀光
四小子正趕寫博士論文
他媳婦生產在即

我們又放心不下
拿不定主意
還是么女乖巧
她考完大學畢業考
帶我們去參觀十大建設
拜謁慈湖
瞻仰國父紀念館
中正紀念堂
遊覽名勝古蹟
駕自己的車早出晚歸
一天看三兩個地方
陸陸續續玩了半個月

處處所見都是一片
欣欣向榮的風光
安和樂利的景象

拜謁兩位民族救星的殿堂
益增我感恩戴德的懷想

大兒子要競選省議員連任
他是山胞保障名額
四年來他熱心為民服務
獲得一致的讚揚
我感到好光榮

三兒子在台北經商
時常來信說生意興旺
要給我換新的冷氣、電視、冰箱
他這分孝心我已感安慰
我不許他這樣浪費
要響應
總統勤儉建國的號召

幾個兒子媳婦都勸我
把兩甲水田賣掉
含飴弄孫享清福
不必再下田操勞
他們那裏知道
我耕作的樂趣——
駕著耕耘機
插秧機
收割機
載貨機出門
又駕著回家
連路都不用走
整天呼吸著新鮮空氣
聞著泥土的芬芳
看遠山含笑

賞田園景色
我的生活多美好
不知什麼是辛勞

他們那裏知道
我和這塊田的情感——
三十六年來
相隨相伴
我的手和腳
撫摸著它的每一寸泥土
它供養著我們一家
使我們兒女一個個長大
從政
經商
治學
都卓然有成

又引領著我這個文盲
走進民眾補習班
中學夜間部
然後進出知識的供應站
——社教館
——圖書館
沒有它我那有今天

這塊田
已變成都市計畫地
四周蓋起了高樓大廈
它現值一億幾千萬
我不能賣
我不要賣
有一天我不能親自耕作
我把它捐獻給政府

孩子們都長大了
可以自食其力
他們都爭著
要奉養我倆老
我要田何用？

這塊田
不是憑我們自己的力量買的
是政府和社會的恩賜

記得
太陽旗從派出所旗杆上消失
青天白日滿地紅的旗就升起
我們再也不低著頭走路
也不用擔心被抓去當軍伕

那時
我是個剛結婚的大孩子
腦子裏充滿了幻想
想著平地的世界

我終於跨出那個
難以逾越的山坡
做了一家大農户的長工
我專心學習耕種技術
那確比靠山吃山強

我想
我有一塊自己的田多好
東家老爺頂仁慈的
看我耕耘播種收割樣樣會

誇獎我工作勤奮
為人忠厚
就把這塊田租給我
雖然是對半分成
還是好過做長工

政府推行三七五減租
是我家道興旺的開始
接著實施耕者有其田
這塊田就變成我自己的
真是沒有想到
作夢也沒想到

農會派專家指導我們
改進耕種的技術
供給我們改良的最好品種

又配給我們充足的肥料
還有貸款和獎勵
我們越幹越起勁
不斷地刷新
單位面積產量的紀錄

我當選模範農民
披紅掛彩去台北
政府當我們上賓招待
總統還接見我們
殷切的垂詢
給我們無限的關愛

我讀過中外歷史
古今的農民
從沒有像我們

這幸運的一代
又豈只農民
各行各業都受到
政府的照顧、扶助與關懷
洋人都稱讚我們——
　沒有種族歧視
　政治民主
　經濟繁榮
　社會安和樂利
說是奇蹟
他們那裏知道
這不是奇蹟
只是一個偉大理想的實現
我雖年已花甲
仍是一條健壯的漢子

百多斤扛在肩上
還覺得輕飄飄的
活力充沛
精神爽快
早上晨跑
晚上看書
亦耕亦讀
樂在其中

我生逢盛世
享受著現代一切文明
我對
偉大的　領袖
仁慈的　蔣總統
親愛的同胞
護衛我們的三軍將士

都心存感激

我盼望
早日光復大陸
偕著老伴
遊白山黑水
踏塞北草原
攀登萬里長城
朝曲阜孔廟
謁南京中山陵
憑弔古都和故宮
看峨嵋景色
聽三峽猿蹄
浴江南風光
賞桂林山水

我盼望
我的子孫
永遠以做中國人為榮
使我們的列祖列宗
在天之靈含笑
盼我們的萬世後代
傲立於世界
揚眉吐氣
實現大同理想
使世界永久和平
使人類永遠安樂

原載中央副刊　民國七十年十二月十四日

註：這首詩，是應徵教育部主辦建國七十年徵文新詩組得獎作品

榮民精神

榮譽國民
是多麼榮耀的頭銜
是多麼崇高的身分
你可知道
那榮耀是
血汗的結晶
那崇高是
勳勞的積累

今天的榮民
是昔日的熱血青年
他們為著

保衛國家民族
愛護父老同胞
辭別了家人
離鄉背井
懷著陣前殺敵的壯志
毅然從軍

衣單被薄
忍受飢寒
赤腳草鞋
行軍千里
還背負著
裝備　口糧　彈藥
出生入死
從不計較
待遇菲薄

東征　北伐
抗戰　戡亂
這一切的一切
功勳勞績
已寫成光榮的歷史

年復一年
歲月在他們的臉上
刻畫了生命的年輪
鬢髮上覆蓋著秋霜
或因傷病在身
不得已
只有脫下軍服
從攻防的戰線上
轉移到生產建設的行列中

爬越高山峻嶺
開闢東西橫貫公路
將懸崖絕壁
鑿成平坦康莊

胼手胝足
把亂石河灘
變成良田
生產蔬菜和糧食
將荒山僻野
墾為果園
梨和蘋果
比進口的甜又香
高山造林
替子孫後代培育資源
為國民經濟做

長遠著想

參加國家十大建設
農技合作援助友邦
開拓海外工程市場
推行國民外交
聯合各國退伍軍人組織
與姑息媚共的逆流對抗
塑造了國家的
新形象

殘而不廢
病中休養
不忘求知學藝
把智慧與智識
貢獻於士農工學商

從不同的崗位
功成身退
帶著
兩袖清風
一身傲骨
過著簡樸的生活
以琴棋書畫自娛
以忠孝節義自賞
為軍民樹立了典範

原載於中央副刊　民國七十二年五月十九日

註：榮民是榮譽國民的簡稱，是國軍退除役官兵的榮銜。我走訪過十三個榮譽國民之家，十三個榮民醫院及許多訓練機構和生產事業單位。我在台東太平榮家任職二十二年，在國軍退除役官兵輔導委員會第六處和第二處服務十三年，安置就養榮民二萬餘人，改調榮家安置三萬餘人，鑑定退除役傷病殘官兵就養，走遍陸、

海、空軍各級醫院，處理榮民個人申請、申訴函件五千餘人次。我也忝爲榮民，爲維護這份榮譽，我一直在堅守崗位，努力工作。

涂靜怡的情懷

她和我們在同一個
苦難的大家庭
吃大鍋飯成長的
沒有受到
特別的照顧與憐愛
而她承受的苦難更多

她出生在別人的屋簷下
也在那裡度過童年
受烈日的燎烤
受風雨的侵襲
受飢寒的煎傲

父母早死
孤苦伶仃

她憑著勞苦生活
憑著智慧與毅力生存
深深的烙印
無情的折磨與試煉
促使她腦細胞
加速生長成熟

當現代后羿的箭
射下惡毒的太陽
舉家歡慶團圓的日子
她也跟著手舞腳蹈
在廢墟上拾瓦礫
在芬芳泥土上揮灑汗水

和她生活在一起的同胞
從別人屋簷下搬進
自己的高樓大廈
吃美食喝咖啡
穿華麗的衣裳
閒時到處遊覽觀光

她置身繁華富裕社會中
沒有沉於生活享受
而為祖先的墳墓和親人
被野心狼子劫持蹂躪而憂傷
她默默地犧牲奉獻
張開喉嚨大聲疾呼
想集合全族人的力量
消滅那些叛逆

重光華夏
為祖宗營墳祭祀
為親人療傷
為子孫後代
創造更美好的未來

有少數的被虐狂
還留戀著
低頭彎腰
唯唯諾諾的日子
說地瓜比白米飯好吃
魚肉鮮果沒有野菜營養
情願做一個次等皇民

也有些人
認為我們的家聲

不夠顯赫光彩
對他們不夠體面
沒有安全感
就跪在山姆大叔面前乞憐
求他收留保護
並否認自己是炎黃子孫
還說生長在台灣的人
沒有中華民族血統
她挺身而出
探本求源
證明中華民族
是住在台灣人的根
血肉相連
一脈相承
她又對數典忘祖之輩
責以春秋大義

勸以手足之情

當那些敗家子　高舉著
自由、民主、人權的幌子
打選舉戰
進行議會鬥爭
玩文藝魔術
搞群眾暴動
謊言、騙術與暴力交相運用
她一手擎著鮮明的旗
一手握著正義的筆
口誅筆伐
鋤惡除奸

她把對敵人的恨
轉化為對同胞的愛

又把對同胞的愛
轉化為護衛國家民族的大勇

她察覺
我們繁華安樂的後面
隱藏著偷襲的黑手
我們金城湯池的周圍
埋伏著窺視的狼群
她時刻在聚精會神地守護著
只要見牠們蠢動
就給予重重一擊

她的生命　是
從中華民族血脈中孕育出來
中華民族的生命
也從她的生命中體現

她的心裡充滿著
對同胞的愛
對國家民族的責任
對工作的熱忱
對未來的希望與信心

原載中央副刊　民國六十九年八月二十三日

註：涂靜怡小姐，民國三十年生。台灣省桃園縣人，幼年父母雙亡，在艱難困苦中成長。半工半讀，養活自己。傾心於文藝創作，於民國六十九年，以「從苦難中成長」六百餘行長詩，獲國軍金像獎，作品在中央日報副刊發表。我拜讀之餘，深受感佩，乃寫此詩，亦在中副發表，得結識而成朋友。

涂小姐又曾獲中山文藝獎、中興文藝獎、社教獎、詩教獎。六十三年與其恩師古丁先生合力創辦「秋水詩刊」擔任編輯，並綜理社務，放棄了進修及公務員晉升機會，公餘之暇，全心投入。二十年來「秋水」按時出刊，從未脫期。她近年來，對兩岸文化交流，不遺餘力，秋水的作者及讀者遍及大陸各省市。她對文藝工作的熱忱，始終如一，奉獻犧牲，接近痴迷。

懷念　蔣故總統經國先生

十五年來
你的音容笑貌
常在我夢中出現
您的豐功偉業
我已刻骨銘心
目睹台灣在向下沉淪
益增我的哀思與懷念

您繼承中華文化道統
順應世界潮流
要盡大忠大孝
憑大智大仁大勇

奔走了七十九年歲月
為中國歷史寫下
最光輝的一頁
為中華民國開創新機運
帶領全民步上新旅程
您的功勳勞績
舉世景仰推崇

在人生旅途上
您嘗盡人間辛酸
您歷經世間苦難
用生命寫成說不完的
感人故事
記在全國同胞的心中
流傳於世
聞者稱頌

您十四歲那年
為探求新思想
赴莫斯科中山大學取經
被史達林扣當人質
在煉獄中煎熬十二年
磨鍊成堅強反共意志

您明知贛南地瘠民窮
盜賊猖獗
煙毒泛濫
想做官的人視為畏途
您毅然去做縣長
當行政督察專員
深入民間
體察民情興利除弊

使人民安居樂業
建設成模範新贛南
留下蔣青天美名

在往後的日子裡
為救國救民赴湯蹈火
您在所不辭
臨危受命
不避艱險
大陳撤退
您最後離開那片國土
金門八二三炮戰
您上前線激勵民心士氣
置生死於度外
只知為國家犧牲奉獻

您走遍台澎金馬每個鄉村
將崎嶇小徑踏成平坦康莊
把窮鄉僻壤踩出繁榮景象
您做開路先鋒
修建了中橫公路
您去到沒有地名的山上
與重刊犯同食共寢
圍坐長談
啓發他們新生的希望

您做行政院長
當了總統
還經常下鄉
輕車從簡
穿著便裝
渴了喝杯涼水

餓了吃路邊攤
各行各業都是
您走訪的對象
與他們親切交談
尤其關懷孤兒與殘障

您高瞻遠矚
提十大建設計劃
曾引起反對聲浪
您說今天不做明天後悔
堅持自己的主張
完成十大建設
啓動了經濟成長

您推行政治革新
加速民主憲政的步伐

受到舉世讚揚
卻有些人要扭曲

您的形象　對
您誣蔑與毀謗
他們已觸犯刑章
您寬恕了他們
希望他們知所悔悟
能為國家社會有所貢獻

您為國家民族鞠躬盡瘁
懷未完成統一大業遺憾
立遺囑諄諄勸勉國人
奸佞掌權忘恩負義
您的愛民仁慈更顯光芒
改朝換代倒行逆施

您的清廉英明使民懷想
你永遠活在我們心上
您光耀中華民族歷史

註：寫於民國九十二年一月十三日　蔣故總統經國先生逝世十五週年。

眞善美的一生

——我景仰的　蔣夫人

您走過一〇六個光輝歲月
在睡夢中升天　留下
真情
善果
美的姿容　使世人
感恩
懷德
讚美
國際資訊頌揚宇內
源遠流長無與倫比

您協助　蔣公
推行全民新生活運動
啓發國民奮鬥精神
凝聚同胞團結禦侮意志
那枚新生活運動圖騰
一直掛在我童年的胸前
成為我人生理想的標竿
您的豐功偉業銘刻我心
您完美的形象
令我崇拜

西安事變
蔣公身在險境
政局面臨危機
軍政首長主張武力冒進
你力排衆議親往救援

以智慧勇敢柔性開導
説服叛徒送　蔣公回京
不僅轉危為安
蔣公的聲望升到最高峰
為八年抗戰奠下勝利基礎

在抗日戰爭最艱困時刻
您應美國參眾兩院邀請
出席國會演講
以理性分析世界大局
以感性綜合中美情誼
言詞委婉流暢風範典雅
全體議員起立鼓掌致敬
您又巡迴各大城市宣揚
中美唇齒相依利害與共
獲得美國全民認同

您訪美以後
軍援
經援
民間捐款
救濟物資
源源而來
國家的國際地位隨即上升
是中日戰爭一大轉機
國民政府崇功報德
頒發青天白日勳章

您擔任航空委員會祕書長
全力推動加強空軍戰力
待空軍官兵如子弟
官兵尊為空軍之母

您在氅蓬別上空軍軍徽
勉勵官兵發揚筧橋精神
您運用與美方良好關係
促成陳納德將軍領飛虎隊
來華參加抗日戰爭
為空軍頻添攻防生力軍

您陪同　蔣公出席開羅會議
擔任翻譯及顧問
參與美、英兩國元首會談
討論戰爭態勢及戰後佈局
您展現超人的才華
輔佐　蔣公爭取得戰後
東北及台、澎歸還我國
廢除一切不平等條約
使我們的國家一躍成為

世界五強之一

蘇俄掀起國共內戰
國際情勢逆轉大陸失守
政府遷台建立反攻復國基地
您創辦中華婦女反共抗俄聯合會
領導全體婦女同胞奉獻心力
縫製軍服鼓舞士氣
參與社會福利工作
籌建學校及傷殘復健中心
照顧國軍遺眷及孤兒
您常親臨視察慰問關愛

歲月無情
世事無常
您歷經親人去世的傷痛

仍全心忠愛黨國和人民
洞察政權接棒者陰謀詭計
建言黨中央置若罔聞
使黨國和人民再遭劫難
親朋好友為您祈禱
您説要為國家和人民祈禱
您愛國愛民之心始終如一

您不留遺囑遺言
不留功勳勞績證據
沒有遺產只有畫作
有十二萬美元存款
一本中華民國護照
是非功過不為自己辯護
不計較別人的閒言閒語
您平生為人行事

以時空背景來衡量
恰如其恰分恰到好處

台灣再現奇蹟

——證嚴法師的功德

台灣是個
資源貧乏的海島
五十多年前
中華民國政府
因國共內戰失利
播遷來台
中共軍事威脅攻擊
國家安全岌岌可危
國際外交陷於孤立
工商業蕭條
在政府領導下

軍民團結奮鬥
推行土地改革
發展農工商業
宏觀遠見掌握先機
突飛猛進成為
亞洲四小龍之首
舉世欣羨讚譽
台灣奇蹟
不幸政黨輪替
奇蹟隨之消失
並不斷向下沉淪

所幸
出現了另一個奇蹟
三十多年前
一位青年女法師

與二十位女信徒相約
每人每天省五角錢
救濟貧困鄰居
並予安慰照顧
感動了鄰里鄉親
傳遍了社會各階級
參與救助者日眾
遂成立慈濟功德會
揭示：
慈善
醫療
教育
文化
四大志業
掀起了大愛熱潮

救苦救難搶救生命
慈濟人一馬當先
只為付出不計名利
臉上堆滿笑容
嘴裡在說感恩
合十擁抱
歌舞聯歡
愛灑人間
水乳交融

眾多善心人士
捐獻土地
出錢出力
醫院一處接一處興建
學校一所又一所成立
從幼兒園、國小、國中

高中、專科到大學
建立完整的教育體系
人文與科技並重
培養出優秀國民及
絕出的專業人才
大愛電視台採訪播出
善政良俗鼓舞民心士氣
慈濟月刊表揚好人好事楷模

資源回收場
遍及全國各地
環保志工
男女老少熱心參與
街頭浪子做志工
轉變成社會精英
憂鬱症患者做慈濟人

不藥而癒恢復自信
都是良性互動的良性循環效應

慈濟功德會是
互動與循環的樞紐
九二一大地震災情慘重
慈濟團隊全力投入賑災
從事災區重建
工作效率及工程品質
都超過擁有鉅額重建資金的
政府特設災區重建單位

慈濟人
已飛越台灣海峽
在大陸散播愛的種子
並生根發芽開花結果

當地人民已品嚐到
甜美與芬芳
想進一步
為兩岸交流搭橋鋪路
使交流暢通
以利互助互惠共生共榮
卻無法跨越
政府所設的重重路障

慈濟功德會
已在全球五大洲
數十個國家和地區
設立大愛工作據點
結合當地慈濟人和志工
推行慈濟四大志業
發放救濟物資

舉辦巡迴義診
重建災區撫慰災民
興建大愛村
創辦貧民區學校
不分種族、宗教、國籍
慈濟人活動的領域
世人稱為慈濟世界
只有愛
沒有恨

證嚴法師
是慈濟世界的
精神領袖
是慈濟功德會的
決策者和領導人
慈濟大愛的功德

是台灣奇蹟
也是世界奇蹟
更是全人類的
迫切需求願景

天道・地利・人情

天道偕行

天，是個無限大的空間
我們眼見的藍天白雲
只是視線所及的極微部分
我們所看到的日月星辰
只是銀河系中
星群的滄海一粟

無限大的空間　與
無限長的時間
結合而成的宇宙

起源與演進的過程
現象與未來的結局
雖有很多論說
皆出於天文學家們
研考模擬揣測及發現
不盡必然與真實
有待時間考驗與事實證明
宇宙的奧祕
也許永遠揭不開
我們是難以了悟

天體運行
有其自然規律
循既定的軌道
星球之間
相互吸引或牽制

日升月降
星起星沉
井然有序
非人力所能改變
人類只能聽天命
在天道偕行

地利共享

地球，在宇宙形成中誕生
位於太陽系九大行星之列
經數十億年演化
形成生物基因
演進成眾多動植物
供其所需養分
使之繁衍綿延
進化成萬物之靈的人

地球是人類的元始母親
是人類安身立命
永遠依存的大地

地球蘊藏著豐富的資源
人類有天賦的聰明才智
只須互助合作
適度開發
妥善運用
地利共享
循序漸進
即可營造一個
美好的生存環境
供人類世世代代
安居樂業

事實卻不然
在人類有信史以來
大地成為人類生存發展中
人與人國與國之間
必爭的財富
所謂有土自有財
患得患失
私有私用
土地是紛爭禍亂的根源

工業革命興起
科技快速發展
相互競爭更趨急烈
地球資源過度開
不當使用
生產大量非生活必需品

鼓勵消費
養成奢靡惡習
將有用之物棄置成垃圾
破壞了文人及自然生態
製造毀滅性武器
自相殘殺
戰禍連年

大地母親遍體鱗傷
出現嚴重症候群
不及時根治
所有生物都將同歸於盡
救母自救為當務之急
全球環保人士
都在大聲疾呼
急功近利的政客們

視若無睹
貪得無厭
還有人妄想
另覓星球遷徙避難
那是人類的窮途末路

人情敦厚

人之為人
是身不由己
來到這個世界
所為何來
怎樣為人
宗教家
哲學家
文學家
科學家

政治家
軍事家
各有獨到見解
要想做得面面俱到
非不為而是不能
所謂天下無完人
為人之難於斯可見
如何自處
才能心安理得
頗費思量
於是衍生出許多
紛歧錯雜的思想行為
出現一些不合情理的
光怪陸離人文現象
人類初生於荒漠原野

與其他動物爭生存
自食其力
自生自滅
沒有人際關係

因繁殖日眾而群居
發生人際關係
形成部落發展成社會國家
由人際關係演進到國際關係
人類相互依存已密不可分
人人為我
我為人人
是共生共榮的為人之道

不幸的是
人類的命運掌握在

強國與富人手裡
貧窮落後國家人民
掙扎在貧病飢寒的死亡線上
情況還在日漸嚴重

國際間貧富差距仍在擴大
全球的軍事、政治、經濟戰
正在不斷升溫
兩次世界大戰浩劫殷鑑不遠
第三次世界大戰如箭在弦
一旦發生必空前慘烈
福禍存亡掌握在強國一念之間

天地無求於人
人須賴天地生存
應知感恩圖報

卻忘恩負義
傷天害地自陷困境
人類彼此之間
有名必爭
有利必奪
奮不顧身
亡國滅種在所不惜
名耶？
利耶？
隨生命終結
為求不朽
瞬息朽之
歸於塵土
何不敦厚為人相愛互助
營造幸福的人類世界
與天地鼎立宇宙

人文生態與自然生態

每個人都是
哭哭啼啼來到人間
歷經滄桑
嘗盡甜酸苦辣鹹滋味
然後灰飛煙滅
回歸大自然
無人例外

隨著慾海與波
人際國際關係日趨惡化
人性日漸消失
家庭暴力

社會糾紛
國際戰爭
使憂鬱症
妄想症大流行
自殺率
犯罪率直線上升
悲慘情景不忍卒睹

古今聖賢對人類前途
都有美好的憧憬
言教身教諄諄勸勉
卻抵不過新潮流的衝擊
人類的未來難以預測
福禍取決於人心一念
自求多福值得深思

宇宙起源於大爆炸
爆炸的殘留物質
在無限大的空間
經無限長的時間
相互吸引形成無數星球
分為眾多星系
在太陽系九大行星中
唯有地球演化出
萬物之靈的人類
經數十萬年歷練
由洪荒邁入文明

天文學家們
經長期探索發現
宇宙活動分秒不停
千變萬化難以想像

又發現宇宙的黑洞
吸噬天地萬物
是無限大墳場

宇宙亦將毀滅於無形
自然生態原來如此
人文生態寄生其間
名耶！
利耶！
過眼雲煙
何必強求損人利己
相愛互助共存共榮
歡度短暫歲月
才是為人之道

雨的六大家族

雨的六大家族
雲雨冰雪霜露
各有特異功能
掌握人類命運

烏雲滿天
降下即時雨滋養萬物
是生命的泉源
白雲片片
與日月星辰相輝映
形成氣象萬千美景

冰山雪峰
是調和自然生態
霜露滋潤美化萬物
人類受六大家族庇佑
卻不知感恩自愛

奢靡墮落浪費資源
製造廢物廢水廢氣
產生溫室效應
傷天害地
冰山溶解水位上升
人類賴以生存的陸地
日漸縮小前途堪憂

註：這首詩是三月詩會九十三年十一月份命題詩，原題是「雨」。

風·水

風
就是空氣
空氣與水
是生命的要素
缺其一不能生存
於今空氣與水
都被有毒物質污染
人類生存已出現危機

風水已形成一種文化
對正統的中華文化
已釀成傷害

子不語怪力亂神
現在的陽宅陰宅
都講究風水
很多人失去自信
依靠風水求名求利
仰賴風水保身活命
其情可憫
可悲

註：這首詩是三月詩會九十四年九月份命題詩

獻詩

一

我們睜大眼睛
仔細的挑選
投下神聖的一票
將你們送進立法院

二

你們發過誓願
許下諾言
要做專業立委
為國民同胞謀福利

三

我們在期盼
在等待
再獻上虔誠的祝福
懇切的叮嚀

四

全民的福禍安危
都繫在你們的身上
請發揮高度的智慧
為我們選擇趨福避禍最裡途徑

五

我們正處在詭詐多變的世局
面臨成敗關鍵時刻

成功大家都有福享
失敗難逃悲慘命運

六

我們最擔心的是
你們為一己之利，黨派之私
爭論不休，相持不下
影響議事效率及立法品質

七

黎巴嫩的覆轍
南斯拉夫的殷鑒
索馬利亞的悲劇
我們看了心驚膽顫

八

國際間只有利害沒有道義
我們自強才能自立
我們富強才有尊嚴
不能把國家生存發展寄望於外人

九

我們過去努力很有成就
我們實力已在向外伸展
我們的國際地位已提升
我們的前途是光明美景

十

我們修來這美好的同舟緣
你們掌舵，我們搖櫓
大家同心協力
揚帆航向勝利成功

註：欣逢立法院新會期開議，委員們問政辛勞，選民謹獻詩表達感激及企盼之忱，並祝院會圓滿成功！中華民國八十二年二月一日。

心靈在飛翔

它長了一對
健飛的翅膀
飛得真快
光速趕不上

它不僅翱翔在
無際的天空
也闖入
時間的圍牆
在宇宙中尋尋覓覓
為歷史找因果
為將來找希望

它掙脫現實的羈絆
為理想飛翔

原載「葡萄園」詩刊八十二期

註：這首詩是民國八十二年《秋水詩刊》創刊二十週年，同仁組團訪問大陸，進行文化交流，受北京大學邀請，並爲我們舉辦一場詩學研討會及一場詩歌朗誦會，我即興寫了〈心靈在飛翔〉這首小詩，並當場朗誦。

忘我的境界

一

愛因斯坦
下班後想回家
卻忘了家住那裡
因為
他腦子裡裝滿了
「相對論」
又擠進了許多
宇宙的奧祕
容不下自己的私事

二

有些人
走過逆境和順境
嘗盡苦辣酸甜
能做的
都做了
該付出的
也已付出
了悟人生
神遊域外
悠然忘我

三

忘了自己是
父母的兒女

忘了自己是
兒女的父母
他們的心靈
被貪婪腐蝕
他們的腦海
被罪惡填滿
迷失了自己
忘記了自己

隱衷

有人說我：
不夠瀟灑
沒有浪漫情懷
缺乏詩人氣質
不懂享受人生
白來人間走一趟

我經常盤查
懷裡的那本流水帳
怕負債大於資產
愧對祖先
超享子生福

帶一身罪孽進地獄

與火星相望相知相惜

從天文資訊得知
您運轉了七萬三千年
將於八月二十七日
到達與地球的臨界線
隨即又要匆匆離去
所為何來

啊！我明白了
八月二十七日是
我的七十六歲生日
您是專程來為我賀壽
您是宇宙生命共同體中

最有情有義的一員

我獲此訊息
每天日落後坐在
門外或窗前迎接
看著您向我走來
我倆凝目相望
　傾吐相知
　互祝相惜

您是我心中
無與倫比的耀眼明星
我是您眼裡
孤寂的紅塵微粒
我保持自尊與您為友
告訴您一個壞消息

天文學家觀察預言
有兩個星系
在相互吸引
終將合併被吸入黑洞
預計在二十億年後
您我也難逃
隨宇宙終結的命運
我們要把握當下
珍惜今夕這分緣

賞月觀星

剛與火星相望相知相惜
又獲火星與月球
約會的好消息
我手握數位相機
入夜等著捕捉
星月交輝的場景

一連三夜天公作美
星月相會處無雲
那相偎相依的
璀璨亮麗
都攝入鏡頭

我越看越著迷

想再見它們
雲也來了
星也遠了
月也缺了

人生無常
天道無常
星月都身不由己
做人還有什麼不能釋懷呢
盡力而為
無愧於心
無負於人
如願足矣

小行星撞地球

天文學家發出警訊
有一顆小行星
可能在二〇一四年
飛撞地球
果真如此
將是世界末日

地球人口加速膨脹
人間難題愈積愈多
眾生的痛苦指數跟著上升
小行星真的來湊上一腳
想必是為減少人類痛苦

將一切無法解決的問題
斷然處置

從電視上看到
模擬顯影及解說
小行星是太陽系形成時
留行下的碎片
悠遊於群星之間
使我聯想到
它該是宇宙內的俠客
西方人都說天地萬物
是上帝創造受上帝指使
上帝為何要吝嗇人慈
而大方施捨苦難
令人費解

我認為
上帝是
倫理道德
公平正義的
象徵
人類的福禍安危
操之在己
自做自受
應好自為之

諸如小行星撞地球
無力抗拒的天災
只有認命了

零與我

零與我
結了今生不解緣
一個零接一個零
串連成我的一生

我抱著零出娘胎
零成長為幸福童年
戰火摧毀我的幸福
十三歲再從零開始
去紙廠做晒紙童工
在火牢煎熬了四年
眼看就要熬出頭

又烽火連天阻我生路
再從零開始
到商場學淘金
開眼界見世面
不分晝夜忙裡忙外
辛勤歷練小有成就
天翻地覆陷困境
死裡求生步步為營

往後已記不清
有多少零伴我而行
面對現實度難關
逢凶化吉都圓融
生命已近極限
終歸於零
心懷感恩無怨尤

順口溜

變變變
騙騙騙
稱心如意八十年

黨權
政權
右開弓喜訊連連

報皇恩
歸祖國
為期不遠

台灣國父
民主先生
榮耀一身可久傳

孽子不孝已當權
為求自保
忍氣吞氣與周旋

風雲起
險象生
乘機逃亡保老命

註：這則「順口溜」是應徵中華民國團結自強協會「金溜獎」未入選作品。

政治笑話

黨外英雄
結黨變狗熊
黨內狗咬狗
主席被氣走

民主先生暗中助
取得政權昏了頭
口號治國騙百姓
執政無能內外交困

民怨耳語在流行
政黨輪替話題熱門

府院高官心如焚
當年英雄夢於今成話柄

註：這個「政治笑話」是應徵中華民國團結自強協會「金溜獎」未入選作品。

傳統詩

蔣公頌

大哉蔣公　世界偉人
幼承母教　為國盡忠
先入保定　繼赴東瀛
研習軍事　救國救民
參加同盟　獻身革命
受知國父　黃埔建軍
東征討逆　建立奇功
北伐統一　奠都南京
推行訓政　安定民生
領導抗戰　救亡圖存
終獲勝利　躋列強林
完成行憲　還政於民

戡亂建國　力圖強盛
內憂外患　集於一身
誣蔑毀謗　傳說紛紜
忍辱負重　實現三民
情勢逆轉　大廈將傾
遷都台北　生聚教訓
土地改革　一舉成功
經濟起飛　惠及全民
復興文化　國格提昇
昭告天下　促進大同
溘然仙逝　舉世哀慟
遺囑遺訓　教誨諄諄
高瞻遠矚　關愛群倫
宏規偉略　具體可行
全民受命　竭志盡忠
淬礪奮發　以赴事功

完成遺志　告慰英靈

註：原載「榮光報」六二四期民國六十六年十一月七日。也許有人譏我不識時務。我認為文學應本諸良心，這樣一位偉人，我深知其行誼，身受其德澤，而發自內心的歌頌，自覺坦然。

「國建會」紀盛

一

元首英明輔佐賢　百姓富足樂陶然
網羅人才群英至　披瀝建言國士風

二

朝野賢能聚一堂　復國興邦細商量
殫精竭慮獻良策　再造中興勝漢唐

三

篳路藍縷三十年　歷盡艱辛苦後甜
昔育黃口成才俊　回饋心力建家園

四

遊子還鄉為報恩　貢獻智慧勝萬金
攜回祖國軍民願　團結僑心共圖成

註：民國六十九年國家建設研究會，於七月十四日揭幕，共有海內外學者專家二八一位參加，會期十五天，分政治外交、教育、文化、經濟、科技、衛生及新聞傳播等七個組進行研究，對國家建設的興革事項，做深入探討，成果豐碩。特賦詩紀盛。六十九年七月三十日夜定稿

「中國風」雜誌創刊茶會感賦

一

金牌得主請品茗　是為創刊中國風
文藝作家座上客　我陪末座聽高論

二

三位俠女一條心　合力創辦中國風
出錢出力獻生命　愛國痴情最感人

三

復興室裡愛國情　互訴心聲起共鳴
皆願為國傾全力　宣揚文化肇中興

四

戰鬥文藝一尖兵　刊名號稱中國風
知識道德兼理性　筆掃頹風振軍民

註：一、「中國風」雜誌創刊茶會，於民國六十九年十一月三十日，在台北市中山堂「復興室」舉行，應邀參加的名作家百餘人。

二、涂靜怡小姐將其所得「中山文藝獎」獎金十二萬元全部捐出，與其恩師古丁先生和戴家文、周湘蘋兩位小姐合力創辦政論性「中國風」雜誌，多次受暴徒恐嚇威脅，古丁先生遭「意外」喪生，中國風只出兩期停刊

三、知識、道德、理性是「中國風」揭示的三大主張，列印於雜誌封面。

「全國第三次文藝會談」感懷

一

欣逢建國七十年　文化尖兵大串聯
竭忠盡智獻良策　相期互勉展長才
鼓舞士氣增戰力　團結民心共圖強
歷經艱苦憶往事　開創錦鏞好前程

二

根幹健碩蘊生機　枝葉欣榮現麗綺
開花結果期可待　除草施肥正其時
他日豐收同享受　今朝努力互依持
人類福祉唯是賴　中華兒女義不辭

三

茹毛飲血千萬年　巢居穴處説從前
毒蛇猛獸常侵害　風雨雷電復虐凌
同類相求成國族　智慧累積創文明
紛爭多因名利起　惟願互助致共榮

四

文明總偕罪惡行　百家議論説紛紜
先哲無私稱孔孟　今聖博愛道孫文
一脈相承平天下　萬世延綿庇子孫
誠正修齊從今始　中華文化耀寰塵

註：慶祝中華民國建國七十年，全國第三次文藝會談，於十二月十二至十三兩天，在台北市陽明山中山樓中華文化堂舉行，我有幸應邀參加。出席文藝界人士八百餘人，濟濟一堂，共抒智慧，集思廣益，策訂文藝發展的方向。蔣總統經國先生書

面頒詞，引述先總統　蔣公話說：「文化是文藝的根幹，文藝是文化的花果。」
謹賦詩四首，以抒感懷。七〇・十二・十五定稿

經國先生逝世週年紀念

歷經患難赴事功　為報親恩與國恩
鞠躬盡瘁立勳業　忠孝兩全留美名
天降天任須淬礪　身陷絕域出死生
為政廉能誰與比　來去清白日月心

78・1・13深夜思念中偶成

敬和十叔惜別詩

春來怕看雁北飛　雁群歸去我未歸
滿懷鄉思回故里　欣喜吾叔弄孫閒
不勝噓唏談往事　相對歡敘見眼前
但願再次還鄉日　共賞家國慶團圓

註：民國三十六年離開家鄉，七十九年回去探親，與家人歡度春節。在家住了五天，又匆匆別離，回台後，十叔來信附惜別詩一首，隨即敬和一首，以回報關愛之情。十叔只長我四歲，是童年玩伴，又常送我玩具和文具。

敬和十叔「境遷」詩

吾叔千里寄感言　嗟嘆往事如夢魘
腥風血雨襲大地　良民百姓皆沉冤
春陽和暖冰霜解　甘霖滋潤萬物生
華胄攜手興大業　子孫福樂永無邊

和陸鴻文鄉兄感懷詩

忠黨愛國走天涯　奉獻犧牲不自誇
兼職無酬膺重任　益顯堅貞賤烏紗

註：鄉兄陸鴻文任職退除役官兵輔導委員會所屬龍崎工廠，因人事精簡，在將居退休之年，身兼輔導室及祕書室主任，職責繁重，賦詩感懷相贈，敬和詩以表達欽佩之忱。

和陸鴻文鄉兄「思鄉感懷」詩

兩岸相隔音書杳　骨肉離情一線牽
神州父老遭劫難　寶島黎庶樂繁榮
禍因暴政欺百姓　福緣德澤庇人民
和平統一實現日　華冑均富舞蹁躚

註：陸鴻文鄉兄返鄉探親，所見所聞感慨萬千，賦詩相贈，敬和詩以慰傷感。

心字組詩四首

應台北榮民總醫院「榮總人」月刊徐總編輯世澤兄約稿，謹賦心字組詩四首，以答謝雅意。

心聲

我讀榮總人　如獲聚寶盆
醫藥有新知　文藝流風韻
健康長壽事　顧問隨我身
心中常舒坦　做事倍精神
人生能若此　快樂復何憾

原載「榮總人」八卷十期81·3·

心藥

心藥醫心病　藥到病即除
正心醫邪念　心誠不欺人
安心消鬱躁　心曠志自高
專心致功倍　心決事必成
人者心之器　心健運亨通

心語

生命誠渺小　宇宙一微塵
歲月似逝水　名利如浮雲
窮通與禍福　研機自運籌
蜉蝣天地間　同是有緣人
互助共安樂　舉世享太平

原載「榮總人」九卷一期81·6·

心願

神明千百種　真理數不清

是非塵上囂　善惡充耳聞
擾攘無休止　亂象眾驚魂
禍因相傾軋　福緣互謙誠
祥和除戾氣　握手我先伸

原載「榮總人」九卷三期81・8・

望月

月圓人未圓　低頭想從前
曾經共患難　又結文字緣
為文訴心聲　賦詩互愛憐
久未相聚首　常在夢中見
但願故人樂　兩心皆坦然

原載「榮總人」九卷五期81·10·

跋（七七回憶）

感恩

父母生我養我愛我教我
奠立我為人處世的基礎
政府給我各種考試機會
使我獲得公教人員任用
成為我致力的終身事業
退休後發給終身俸養老

懷舊

任職三十五年
長官同事給我教導協助

使我工作順利而績優
獲得不少勳獎並予升遷
退休後進入文藝界
詩友文友都是益友
鼓勵我進修寫作
相偕訪問進行文化交流
遊覽觀光歡度舒暢晚年

自律

人人為我　我為人人
是我的積極做為
已所不欲　勿施於人
是我消極的不作為

汪洋萍著作一覽表

書名	類別	出版社	出版年份
心影集	詩集	文史哲出版社	一九九一年
心聲集	詩集	文史哲出版社	一九九三年
萬里江山故園情	文集	絲路出版社	一九九五年
生命履痕	文集	絲路出版社	一九九七年
袓露心靈	詩文合集	文史哲出版社	一九九七年
心橋足音	詩集	文史哲出版社	二〇〇一年
鄉居散記	文集	文史哲出版社	二〇〇一年
友情交響	文集	文史哲出版社	二〇〇一年
遊目騁懷	詩文合集	文史哲出版社	二〇〇二年
浮生掠影	詩文合集	文史哲出版社	二〇〇三年
良性互動	詩文合集	文史哲出版社	二〇〇四年

臺東縣政府

獎狀

查汪洋萍參加本縣第九屆國語文競賽成績優良榮獲社會組作文第壹名合給獎狀以資鼓勵

縣長黃鏡峯

中華民國六十二年十二月十二日

聘書 (62)輔壹字第13807號

茲聘請

汪洋萍先生爲本會醫

院、榮家、訓練單位

榮民教育授課教師

此聘

主任委員 趙聚鈺

中華民國六十二年十二月二十日

行政院國軍退除役官兵輔導委員會

榮民教育教師聘書

中華民國六十二年　月　日

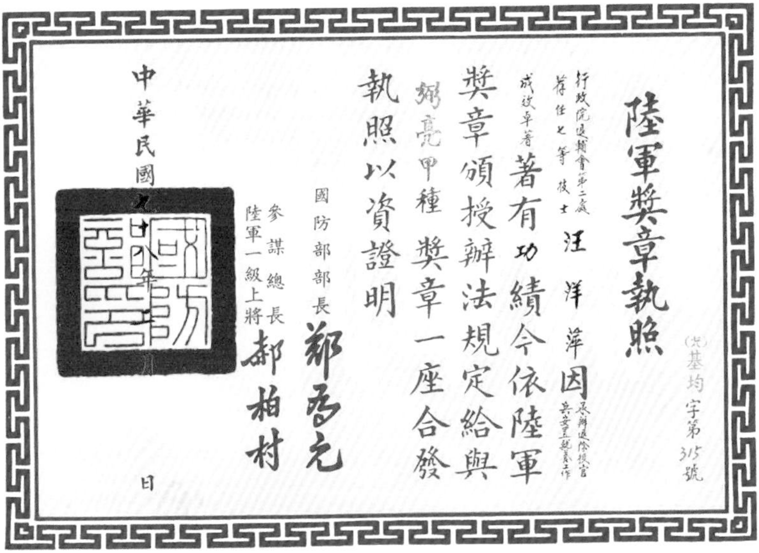

(光)基均字第315號

陸軍獎章執照

行政院退輔會第二處薦任七等技士汪洋萍因承辦退除役官兵安置就業工作成效卓著著有功績令依陸軍獎章頒授辦法規定給與獅亮甲種獎章一座合發執照以資證明

國防部部長 鄭為元

參謀總長
陸軍一級上將 郝柏村

中華民國七十八年十二月 日

獎章號碼 二〇一二八

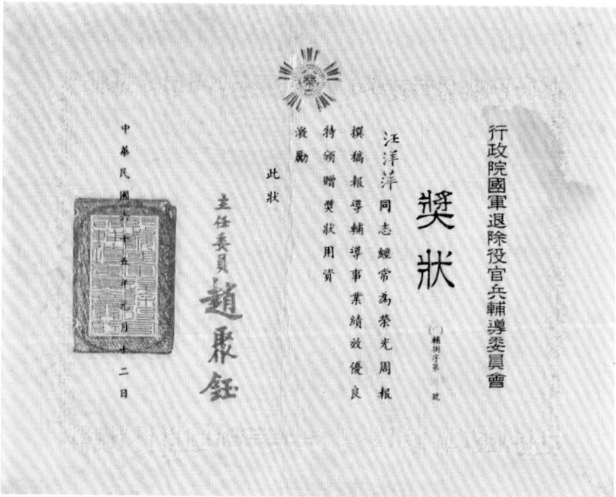

行政院國軍退除役官兵輔導委員會

獎狀

輔獎字第 號

汪洋萍同志經常為榮光周報
撰稿報導輔導事業績效優良
特頒贈獎狀用資
激勵

此狀

主任委員 趙聚鈺

中華民國六十五年九月十二日

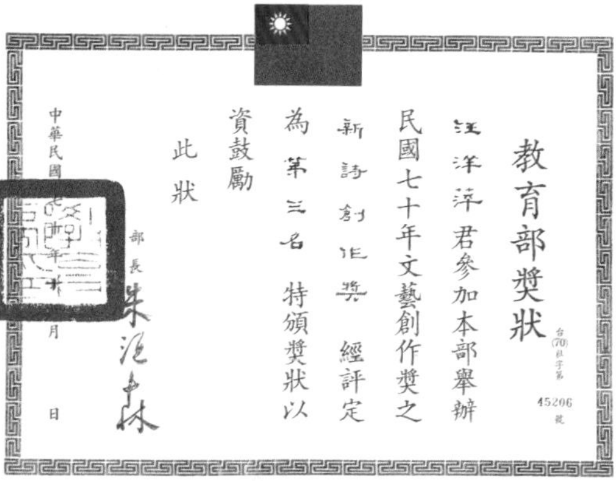

教育部獎狀

台(70)社字第45206號

汪洋萍君參加本部舉辦
民國七十年文藝創作獎之
新詩創作獎 經評定
為第三名 特頒獎狀以
資鼓勵

此狀

部長 朱匯森

中華民國 月 日

獎章證書

茲以行政院國軍退除役官兵輔導委員會
技士 汪洋萍
連續任職滿貳拾年著
有勞績，依獎章條例
之規定，特頒給貳等
服務獎章。此證

行政院院長 俞國華

中華民國七十五年五月 日

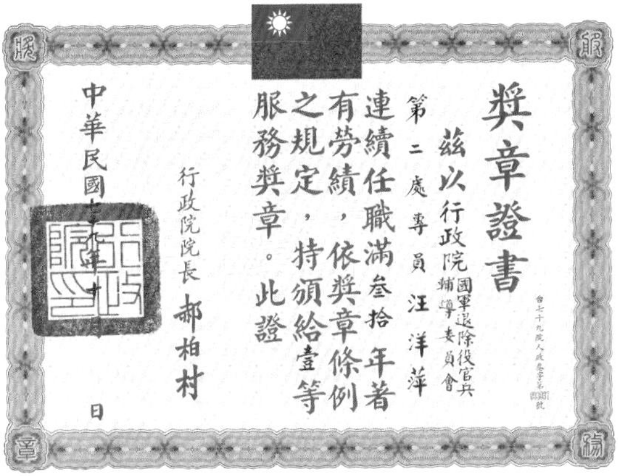

獎章證書

台七十九院人政叁字第[illegible]號

茲以行政院國軍退除役官兵輔導委員會
第二處專員汪洋萍
連續任職滿叁拾年著
有勞績，依獎章條例
之規定，特頒給壹等
服務獎章。此證

行政院院長郝柏村

中華民國[illegible]年[illegible]月[illegible]日

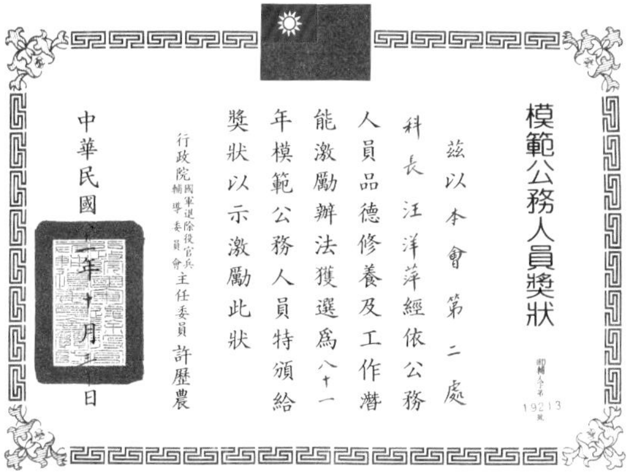

模範公務人員獎狀

(81)輔人二字第19213號

茲以本會第二處
科長汪洋萍經依公務
人員品德修養及工作潛
能激勵辦法獲選爲八十一
年模範公務人員特頒給
獎狀以示激勵此狀

行政院國軍退除役官兵輔導委員會主任委員許歷農

中華民國八十一年十月 日

獎狀

台八三人政肆字第12951號

本院國軍退除役官兵輔導委員會科長汪洋萍服膺
公職逾三十年奉准退
休於在職期間忠誠
服務克盡職守貢獻
良多足資範式特頒
獎狀以勵忠勤

行政院院長連戰

中華民國[illegible]年 月 日

獎狀

(83)史獎字第〇八號

汪洋萍先生參加
本會近代中國雜誌社
慶祝建黨一百週年徵
文比賽榮獲社會組
優等獎特頒此狀以
資表揚

中國國民黨中央委員會黨史委員會
主任委員 李雲漢

中華民國八十三年十月三十一日

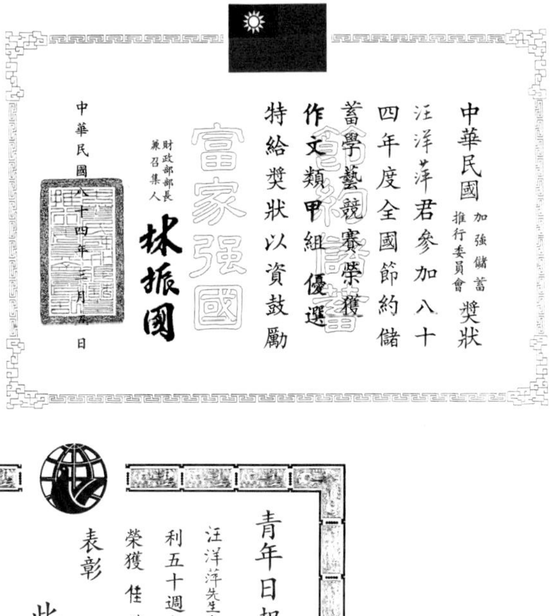
中華民國加強儲蓄推行委員會 獎狀

汪洋萍君參加八十
四年度全國節約儲
蓄學藝競賽榮獲
作文類甲組優選
特給獎狀以資鼓勵

財政部部長兼召集人 林振國

中華民國八十四年三月五日

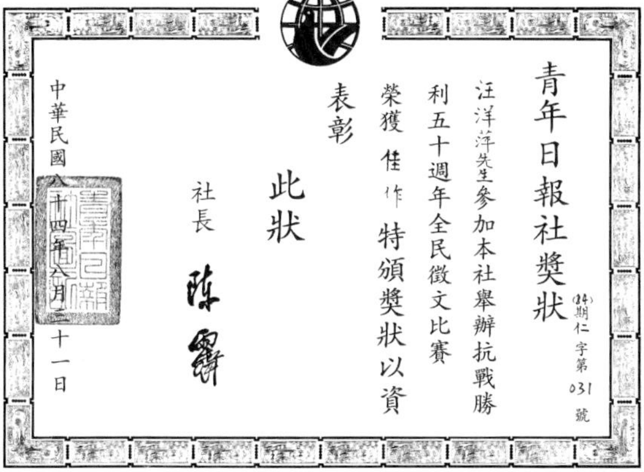
青年日報社獎狀

(84)期仁字第031號

汪洋萍先生參加本社舉辦抗戰勝
利五十週年全民徵文比賽
榮獲佳作 特頒獎狀以資
表彰

此狀

社長

中華民國八十四年八月三十一日

臺灣省政府新聞處獎狀

汪洋萍先生「珍惜相聚這份緣」參加本處「族群融合大家談」散文徵文經評定為佳作 特贈獎狀以資紀念

處長 黃義交

中華民國 月 一日

臺灣省政府社會處獎狀

汪洋萍參加慶祝臺灣光復五十週年舉辦淨化人心改善社會風氣—「提昇人文素養‧建立祥和社會」徵文比賽活動作品經評列佳作特頒獎狀以資鼓勵

處長 唐啟明

中華民國八十 日

軍管區司令部

(87)忠瞬字第2959號

榮譽狀

汪洋萍同志協助推展青溪新文藝學會會務績效優異，特頒此狀以資激勵。

司令 陸軍二級上將 陳鎮湘

中華民國八十七年九月一日